BESTACTIVITYBOOKS.COM

PRIMERA EDICIÓN - 2022

Ilustración Gráfica Extra: www.freepik.com
Gracias a Alekksall, Starline, Pch.vector, Rawpixel.com, Vectorpocket, Dgim-studio, Upklyak, Macrovector, Stockgiu, Pikisuperstar & Freepik.com Designers

5 CONSEJOS PARA EMPEZAR

1) CÓMO RESOLVER LAS SOPA DE LETRAS

Los rompecabezas tienen un formato clásico:

- Las palabras se ocultan sin espacios ni guiones,...
- Orientación: Las palabras pueden escribirse hacia delante, hacia atrás, hacia arriba, hacia abajo o en diagonal (pueden estar invertidas).
- Las palabras pueden superponerse o cruzarse.

2) APRENDIZAJE ACTIVO

Junto a cada palabra hay un espacio para anotar la traducción. Para fomentar un aprendizaje activo, un **DICCIONARIO** al final de esta edición te permitirá comprobar y ampliar tus conocimientos. Busca y anota las traducciones, encuéntralas en el puzzle y añádelas a tu vocabulario!

3) MARCAR LAS PALABRAS

Puedes inventar tu propio sistema de marcado. ¿Quizás ya usas uno? También puedes, por ejemplo, marcar las palabras difíciles de encontrar con una cruz, las que te gustan con una estrella, las nuevas con un triángulo, las raras con un diamante, etc.

4) ESTRUCTURAR EL APRENDIZAJE

Esta edición ofrece un **CUADERNO DE NOTAS** muy práctico al final del libro. En vacaciones, de viaje o en casa, podrás organizar fácilmente tus nuevos conocimientos sin necesidad de un segundo cuaderno!

5) ¿HABÉIS TERMINADO TODAS LAS PARRILLAS?

En las últimas páginas de este libro, en la sección **DESAFÍO FINAL**, encontrarás un juego gratis!

¡Rápido y sencillo! Echa un vistazo a nuestra colección de libros de actividades para tu próximo momento de diversión y aprendizaje, ¡a sólo un clic de distancia!

Encuentre su próximo reto en:

BestActivityBooks.com/MiProximoLibro

En sus marcas, listos, ¡Ya!

¿Sabías que hay unas 7.000 lenguas diferentes en el mundo? Las palabras son preciosas.

Nos encantan los idiomas y hemos trabajado duro para crear libros de la más alta calidad para tí. ¿Nuestros ingredientes?

Una selección de temas adecuados para el aprendizaje, tres buenas porciones de entretenimiento, y luego añadimos una cucharada de palabras difíciles y una pizca de palabras raras. Los servimos con cariño y máxima diversión para que puedas resolver los mejores juegos de palabras y te diviertas aprendiendo!

Tu opinión es esencial. Puedes participar activamente en el éxito de este libro dejándonos un comentario. Nos encantaría saber qué es lo que más le ha gustado de esta edición.

Aquí hay un enlace rápido a tu página de pedidos:

BestBooksActivity.com/Opiniones50

Gracias por tu ayuda y diviértete!

Todo el equipo

1 - Arqueología

श	ध	य	ऊ	थ	अ	ग	छ	ड	ढ	फ	व	ञ	श	न	च
ऊ	थ	त	भ	भ	व	द	इ	थ	ख	उ	◌ि	आ	◌ो	छ	ञ
घ	ख	ब	ग	श	श	र	घ	थ	स	ल	श	य	ध	ब	द
ग	थ	उ	ड	श	◌े	र	ब	क	म	त	◌्	इ	क	ठ	र
स	थ	ऊ	ध	न	ष	ड	न	न	थ	प	ल	ण	र	ह	न
ट	भ	थ	ल	ऊ	ढ	ढ	न	भ	प	प	◌े	ट	◌्	उ	क
ढ	◌ु	◌्	ट	ट	य	◌ु	ग	ज	ब	भ	ष	ल	त	ट	य
प	य	क	य	◌्	स	ह	र	◌ी	फ	उ	ण	ल	◌ा	स	◌ा
ध	◌ो	इ	ड	त	ह	द	त	व	ए	ड	त	ढ	इ	ष	◌ं
भ	◌ं	आ	ए	◌़	◌ा	आ	य	◌ा	द	◌ि	ल	◌ा	◌ु	भ	ल
घ	ड	ए	व	ब	◌े	ड	न	श	न	◌ा	ज	न	अ	श	◌्
व	◌ि	श	◌े	ष	ज	◌्	ञ	◌्	द	त	घ	ल	ट	ण	◌ू
ए	◌्	ढ	छ	त	श	फ	ग	म	ल	घ	र	द	◌ि	◌ं	म
भ	ड	द	छ	ड	◌ं	उ	ध	◌ी	ण	उ	स	◌ा	फ	थ	त
प	ह	इ	ढ	ठ	व	ध	भ	ट	न	प	प	फ	◌ु	घ	श
व	स	◌्	त	◌ु	ओ	◌ं	ल	ड	ल	य	न	स	र	प	भ

विश्लेषण
पुरातनता
साल
सभ्यता
वंशज
अनजान
टीम
युग
मूल्यांकन
विशेषज्ञ
जीवाश्म
टुकड़े
हड्डियों
शोधकर्ता
रहस्य
वस्तुओं
भुला दिया
अवशेष
मंदिर
मकबरे

2 - Granja #2

आ	प	क	छ	घ	ह	उ	ब	ण	घ	फ	भ	न	ए	ए	च
आ	श	थ	◌ि	घ	ल	थ	श	ष	उ	ब	◌े	द	◌ू	ध	उ
म	ञ	भ	उ	स	य	ठ	ट	ड	ज	त	ड	◌ा	म	प	ब
च	ढ	◌ो	ई	च	◌ा	◌ं	◌ि	स	◌ौ	ख	◌़	म	◌ा	◌ा	ल
फ	त	ज	क	च	ण	न	ह	ठ	न	म	ञ	◌ै	श	स	ध
ग	ल	न	म	घ	य	◌ा	ग	फ	ञ	ञ	ट	क	श	ठ	स
ड	ट	◌ो	घ	घ	श	म	आ	ब	उ	म	ह	◌ा	छ	ञ	ञ
म	स	◌्	द	त	फ	◌े	स	ज	◌ी	◌्	ब	स	ग	ध	ख
उ	प	ढ	र	◌्	ल	म	ठ	इ	ह	ख	ट	◌ा	ह	म	य
ल	ए	ष	य	◌ै	य	ख	ल	◌ि	ह	◌ा	न	घ	ध	ऊ	इ
ह	ढ	भ	म	त	क	◌ा	ध	इ	◌ा	ग	ठ	ड	श	ह	श
ऊ	ग	◌े	ह	◌ू	◌ॅ	◌्	न	ल	◌ा	ठ	ड	म	द	ञ	र
प	क	◌ा	ह	◌ु	आ	भ	ट	र	व	र	र	ग	र	न	व
ज	◌ा	न	व	र	◌ो	◌ं	च	र	र	ठ	ह	ध	ऊ	ख	ब
स	ख	श	द	ल	इ	स	श	ऊ	च	ग	ए	छ	ग	व	आ
ड	आ	ञ	ह	ष	ख	ढ	ध	त	ऊ	ख	ऊ	ढ	च	भ	ख

किसान
जानवरों
जौ
भोजन
मेमना
फल
खलिहान
फलोद्यान
दूध
लामा

पका हुआ
मकई
भेड़
चरवाहा
बतख
घास का मैदान
सिंचाई
ट्रैक्टर
गेहूँ
सब्जी

3 - La Empresa

ढ	प	र	म	ह	म	त	इ	श	र	भ	त	भ	फ	ह	र
र	◌्	◌ु	प	अ	भ	◌ि	न	व	उ	द	◌्	य	◌ो	ग	ग
◌ा	र	झ	ज	◌ा	ख	ह	ए	◌े	त	ऊ	ह	य	ड	र	ग
ज	त	◌ा	◌ो	घ	य	ण	त	◌ि	त	◌ु	स	◌्	र	◌्	प
स	◌ि	न	ख	ध	ण	◌ा	घ	न	इ	ड	ञ	द	व	ग	आ
◌्	ष	आ	◌ि	म	र	ण	◌्	न	श	ण	ग	आ	◌ै	◌ु	ठ
व	◌्	ऊ	म	द	◌्	घ	स	व	र	ऊ	म	ल	श	ण	उ
म	ठ	त	य	त	◌ि	ग	र	◌्	प	ञ	ब	ध	◌्	व	ह
ख	◌ा	र	च	आ	न	श	ड	थ	भ	◌े	त	ए	व	त	ह
उ	इ	ट	च	आ	च	ए	ए	द	ल	स	श	ल	◌ि	◌्	ल
ढ	ड	ह	ब	न	ध	स	◌ा	◌ं	स	य	इ	◌े	क	त	ब
ल	आ	भ	इ	इ	◌ा	थ	द	छ	म	ष	त	इ	व	◌ा	भ
र	◌ो	ज	ग	◌ा	र	त	उ	आ	न	आ	ठ	ड	ग	र	ध
ब	ब	म	छ	श	च	ढ	◌्	उ	त	◌्	प	◌ा	द	ख	ण
इ	क	◌ा	इ	य	◌ो	◌ं	ढ	म	स	◌ं	भ	◌ा	व	न	◌ा
द	ड	फ	ष	ए	थ	ग	ढ	उ	क	ष	द	ढ	ण	र	ऊ

गुणवत्ता
रचनात्मक
निर्णय
रोजगार
वैश्विक
उद्योग
राजस्व
अभिनव
निवेश
व्यापार
संभावना
प्रस्तुति
उत्पाद
पेशेवर
प्रगति
संसाधन
प्रतिष्ठा
जोखिम
रुझान
इकाइयों

4 - Pesca

ष	व	र	◌ा	त	ऋ	त	◌ु	उ	थ	ब	ग	उ	ञ	प	स
ल	ज	स	स	द	उ	ढ	आ	ढ	ड	ध	ए	◌ि	स	ऊ	◌ा
घ	न	◌ो	म	ख	उ	ट	छ	थ	स	न	द	◌ी	ल	ष	ग
म	◌ी	इ	◌ु	श	द	ण	य	स	छ	प	ड	व	फ	◌्	र
उ	◌ा	य	द	ट	◌ो	क	र	◌ी	स	त	ख	ब	ए	भ	स
ष	प	◌ा	◌्	थ	आ	◌ु	◌्	क	न	छ	अ	ब	त	घ	श
ऊ	ट	आ	र	ठ	ख	ह	◌ै	ट	प	ग	त	घ	ऊ	इ	त
ज	इ	घ	त	म	म	ब	ध	फ	फ	उ	◌ि	प	च	ढ	ब
श	ब	द	ट	थ	ह	ह	न	◌ा	व	म	श	ख	श	भ	म
इ	श	ड	ब	व	द	न	ड	छ	ढ	ल	य	ब	ण	थ	ड
ए	ढ	श	◌़	उ	घ	ए	इ	फ	इ	ख	◌ो	ऊ	व	ऊ	ए
ष	उ	य	ढ	◌ा	थ	ष	ग	ब	ण	न	क	ऊ	प	छ	ए
आ	छ	प	◌ं	ख	ग	फ	ढ	ष	आ	ए	◌्	ऊ	च	उ	ब
झ	◌ी	ल	थ	आ	ध	स	त	ध	ख	च	त	न	◌ा	स	ए
भ	घ	थ	र	ड	छ	घ	ड	ष	ब	ब	◌ि	ष	र	ऊ	च
छ	य	ख	ल	ट	घ	ण	स	र	ग	ड	थ	घ	◌ा	ष	ध

पानी
पंख
नाव
गिल्स
तार
चारा
टोकरी
रसोइया
उपकरण
अतिशयोक्ति
हुक
झील
जबड़ा
सागर
धैर्य
वजन
समुद्र तट
नदी
ऋतु

5 - Aviones

ए उ द ट ड इ इ ढ न इ ठ च श न घ प
द ण ट ए त व ख त ◌ि ◌ं ◌ा श अ छ ख ◌ा
इ न ◌े व ◌ि ग ◌े ट ◌ि ण ण र त व अ य
न ◌ं स ए घ ढ त ऊ व ह म ड ध प य ल
ड ञ ज घ ठ च श र ◌ा ब ◌ा ब ◌् ◌ु ग ट
ड ऊ ञ न इ ज ◌ा ◌ि ड भ र स ह श छ थ
ऊ ए फ ष प घ ◌ि ब म उ ◌् व व ख ण भ
ल फ स थ र ल द ड ख ड ◌ि श ◌ा क आ स
ड ट क ध ल भ ट ब ख ञ न इ श य ब ए
म ◌ौ स म ह ◌ा इ ड ◌् र ◌ो ज न इ ◌ु ड
◌ं य ◌ि श ण म ठ ध य ◌ौ ए प व ख फ म
य व ह ढ श ल ऊ ण म त आ ख फ फ द ग
◌ु भ ◌ा ष प ड म ठ ठ ◌् ह द क ई घ छ
◌ा ठ स आ ग म य ष ध ◌ा प ष ◌् ◌ं ल प
व श प ड ह र य ह ए य ण न र ध ष घ
ट ढ ह न भ फ ऊ ◌ं च ◌ा ई इ ◌ू न ष फ

वायु
ऊंचाई
अवतरण
वायुमंडल
साहसिक
आकाश
मौसम
ईंधन
निर्माण
दिशा
डिजाइन
गुब्बारा
हाइड्रोजन
इतिहास
इंजन
नेविगेट
यात्री
पायलट
क्रू
अशांति

6 - Tipos de Cabello

ध	ल	◌ा	◌ा	क	म	न	र	म	ढ	न	ठ	ए	ह	स	इ
◌ू	◌्	ह	थ	ख	◌ो	ब	ब	◌ा	◌ं	ल	न	ह	व	त	घ
स	र	ट	र	ज	ट	ल	स	ल	द	प	न	उ	भ	ह	ण
र	क	छ	◌ा	◌ा	◌ा	छ	◌ू	त	द	क	इ	ग	ठ	ढ	ए
ग	छ	ब	◌ू	◌ं	त	ञ	ख	प	म	आ	म	ग	◌ो	र	◌ा
च	घ	ढ	भ	ग	त	◌ी	◌ा	भ	थ	ख	य	च	ष	ब	भ
छ	ड	ण	च	प	च	उ	द	ठ	ण	छ	क	म	य	ठ	ढ
भ	म	ह	ब	स	ण	व	व	ष	च	व	द	आ	इ	ञ	ढ
श	ग	इ	ग	ड	फ	ल	थ	फ	उ	घ	स	ढ	ल	ष	ब
छ	भ	भ	छ	◌़	ण	◌े	य	ञ	ढ	थ	ए	ऊ	छ	उ	इ
च	◌ा	◌ँ	द	◌ी	थ	र	द	उ	उ	ण	ह	उ	ठ	द	ण
ष	य	ञ	त	प	ध	◌ा	ख	थ	घ	आ	ट	आ	ट	छ	च
ध	भ	म	ग	◌ो	ग	घ	छ	ध	ष	फ	र	थ	भ	ध	ए
ठ	ढ	ग	आ	ख	ए	◌ं	त	त	ग	भ	श	थ	ल	ग	ध
श	ड	ड	प	ब	ब	◌ु	ढ	ऊ	म	उ	ठ	व	स	ग	घ
स	◌्	व	स	◌्	थ	घ	भ	र	म	श	ऊ	ऊ	ऊ	म	ञ

सफेद
चमकदार
खोपड़ी
गंजा
कम
पतला
धूसर
मोटा
लंबा
भूरा

काला
लहराती
चाँदी
घुंघराले
कर्ल
गोरा
स्वस्थ
सूखा
नरम
लट

7 - Ética

द	ण	भ	व	य	फ	स	इ	द	य	ा	ल	ु	त	ा	आ
प	य	त	्	ढ	ड	ह	ह	र	ण	र	ल	त	ि	र	ह
र	आ	ा	य	त	श	य	ध	ढ	द	ह	व	ा	च	ा	द
ो	इ	ड	क	थ	ष	ो	ि	ै	व	र	घ	ल	उ	ज	ट
प	ट	ं	्	फ	श	ग	द	व	र	ढ	्	ी	घ	न	त
क	ट	ख	त	ढ	इ	ञ	्	ध	ी	्	स	श	ण	य	य
ा	ब	अ	ि	ढ	च	य	ु	ष	द	श	य	न	न	ि	थ
र	ग	ध	व	ध	र	घ	ब	ए	ा	ष	ह	ह	ा	क	ा
ि	ध	थ	ा	व	ि	न	ी	त	न	ढ	ब	स	त	ठ	र
त	म	श	द	फ	ल	ध	र	ट	ा	र	न	ञ	े	प	्
ा	आ	श	ा	व	ा	द	श	ह	म	थ	ट	त	च	त	थ
स	प	श	द	ट	न	ख	ल	च	ई	इ	ध	ब	न	उ	व
त	ब	च	य	म	ा	न	व	त	ा	ख	ए	छ	र	न	ा
छ	ल	ण	ड	ष	भ	ट	र	म	त	ख	द	त	च	म	द
र	श	ञ	ध	ध	ञ	ठ	ी	ा	ख	न	स	ग	च	ट	घ
म	द	घ	ध	आ	द	ड	ग	न	थ	ट	ह	ध	उ	य	ए

परोपकारिता
दयालुता
दया
सहयोग
गौरव
राजनयिक
दर्शन
ईमानदारी
मानवता
व्यक्तिवाद
अखंडता
आशावाद
धैर्य
चेतना
उचित
यथार्थवाद
विनीत
बुद्धि
सहनशीलता
मान

8 - Ciencia Ficción

र	न	र	क	ल	◌ो	श	◌्	र	द	आ	ग	ल	भ	प	फ
ढ	◌ो	थ	घ	ए	म	◌ा	न	◌े	◌ि	स	ए	ष	क	◌्	ख
भ	ए	ब	ढ	स	ग	न	इ	द	ड	छ	ब	ठ	ट	र	य
आ	थ	छ	◌ो	ष	न	द	ल	ल	च	ढ	ढ	ग	◌ि	◌ौ	थ
आ	श	क	क	ट	ह	◌ा	ब	ध	घ	प	द	व	स	द	◌ा
ण	र	◌े	न	ठ	म	र	◌्	भ	म	ञ	उ	◌ू	◌्	◌्	र
र	व	◌ं	◌ि	र	भ	व	व	ए	ण	स	र	आ	र	य	◌्
द	ह	त	प	आ	क	◌ा	श	व	◌ा	ण	◌ी	थ	◌ि	◌ो	थ
◌ु	ड	स	ल	थ	स	स	उ	इ	ड	◌ु	आ	भ	च	ग	व
न	भ	◌्	◌्	श	म	ध	द	आ	इ	◌ा	क	ण	य	◌ि	◌ा
◌ि	प	◌ु	◌ा	य	इ	इ	उ	ढ	ख	म	◌ा	ग	◌ू	क	द
य	ड	प	क	ग	म	ग	◌्	र	ह	र	श	य	◌्	◌ी	◌ी
◌ा	ल	फ	उ	न	र	य	ए	ल	ऊ	प	ग	आ	फ	फ	ऊ
ए	इ	य	व	ब	च	ष	ब	ल	य	भ	◌ं	त	म	ख	प
र	छ	ञ	ख	ठ	म	इ	थ	ह	ढ	श	ग	ब	ह	ध	फ
छ	व	र	ऊ	व	◌ि	स	◌्	फ	◌ो	ट	◌ा	स	ष	ध	ऊ

परमाणु
सिनेमा
दूर
विस्फोट
चरम
शानदार
आग
फ्यूचरिस्टिक
आकाशगंगा
भ्रम
काल्पनिक
पुस्तकें
रहस्यमय
दुनिया
आकाशवाणी
ग्रह
यथार्थवादी
रोबोट
प्रौद्योगिकी
आदर्शलोक

9 - Granja #1

आ	ऊ	आ	घ	श	स	ध	श	ए	ण	स	व	त	श	व	ब
ख	ढ	थ	ल	स	ऊ	प	व	ब	ख	ष	ढ	इ	ह	भ	ी
स	े	प	ढ	ञ	ष	स	स	ि	ऊ	व	ध	य	द	ए	ज
उ	च	त	ा	त	्	ु	क	ल	य	ए	थ	द	य	न	श
ड	आ	ब	क	ृ	ष	ि	य	्	प	ा	न	ी	प	ट	फ
र	आ	ौ	क	त	र	ल	ञ	ल	ड	द	ञ	ष	भ	उ	ए
त	ञ	य	र	र	ध	ग	द	ी	च	ा	व	ल	ू	द	च
ऊ	उ	ऊ	व	र	ी	ह	न	च	ख	ब	ह	ष	म	न	ढ
ख	ध	ब	्	थ	ए	ए	य	ण	ल	च	न	ढ	ि	ल	ब
ञ	ब	य	र	घ	च	ध	म	ध	ु	म	क	्	ख	ी	ा
व	थ	ड	उ	प	घ	ल	थ	आ	ञ	ष	ि	इ	त	छ	ड
ग	ब	ट	फ	ड	ठ	ए	ल	ध	आ	ध	च	ख	ष	ख	़
श	ऊ	फ	उ	़	घ	घ	ढ	च	छ	स	श	ग	द	ध	म
ब	छ	ड	़	ा	म	ा	ञ	ट	ऊ	स	ध	ा	र	भ	ढ
उ	इ	ए	द	ो	ध	स	ए	त	ग	ब	ण	य	स	आ	प
ठ	ऊ	त	च	घ	थ	ग	व	ण	ग	श	र	भ	ब	आ	ढ

मधुमक्खी
कृषि
पानी
चावल
गधा
घोड़ा
बकरी
खेत
कौआ
उर्वरक

बिल्ली
घास
शहद
कुत्ता
चिकन
बीज
बछड़ा
भूमि
गाय
बाड़

10 - Camping

इ	भ	ब	व	ब	त	ए	श	ष	ख	छ	आ	च	फ	ष	उ
य	म	द	म	प	◌्	र	क	◌ृ	त	◌ि	ग	उ	य	द	उ
ड	म	श	◌ि	न	स	ष	◌ो	छ	ट	◌ो	प	◌ी	भ	ह	प
भ	ऊ	ष	श	क	ड	स	भ	◌ं	ऊ	र	न	थ	ग	ष	क
ग	प	ड	ट	स	◌्	ख	थ	ल	व	व	म	ठ	ष	झ	र
ञ	फ	द	र	◌ि	ठ	स	घ	ट	द	न	व	ह	न	◌ू	ण
ढ	स	ब	द	ह	च	ढ	◌ू	त	आ	◌ा	◌ा	श	ड	ल	ब
झ	◌ी	ल	ब	◌ा	द	प	च	च	ऊ	र	ध	ज	प	◌ा	म
ह	◌्	आ	ख	स	च	◌ा	◌ँ	द	क	क	ड	◌ो	◌ं	ग	◌ी
ह	स	व	ग	प	ह	ड	स	व	ट	र	ए	य	ख	ह	प
ठ	र	ढ	व	भ	प	घ	आ	ष	ड	क	प	च	ब	ल	च
ल	◌ा	ल	ट	◌े	न	ह	ल	ण	ब	◌ा	न	क	◌्	श	◌ा
त	ञ	ए	◌ी	ष	ब	ध	◌ा	य	द	◌ि	थ	व	थ	ऊ	च
भ	फ	ध	क	त	◌ि	भ	थ	ड	व	श	ब	ट	ख	उ	ग
उ	य	इ	ष	ठ	◌े	प	ठ	ड	◌़	◌े	प	ख	ट	घ	ठ
य	द	भ	म	ब	क	ध	ल	ष	ए	स	द	श	भ	ड	छ

जानवरों
साहसिक
पेड़
वन
दिक्सूचक
केबिन
डोंगी
शिकार करना
रस्सी
उपकरण
आग
झूला
कीट
झील
लालटेन
चाँद
नक्शा
पहाड़
प्रकृति
टोपी

11 - Fruta

इ	ऊ	श	न	ण	आ	ण	ल	य	र	◌ि	◌ा	न	य	ध	ब
फ	इ	ष	फ	र	थ	ब	◌ू	च	ध	म	स	ब	ख	ञ	◌े
ढ	प	ञ	छ	ए	ध	ग	त	र	ब	◌ू	ज	ड	न	ऊ	र
प	ड	त	ड	व	घ	ध	◌ा	◌ी	ष	◌़	क	प	◌ा	र	◌ी
ए	ण	आ	च	ए	फ	भ	◌़	◌े	उ	ड	◌े	त	र	स	र
द	ट	ए	न	ञ	उ	घ	फ	च	ण	आ	ल	र	◌ं	घ	भ
म	ध	छ	स	उ	प	छ	श	ड	ण	छ	◌ा	य	ग	ग	स
द	ट	श	ह	न	◌ी	ब	◌ा	◌ु	ख	ल	स	अ	◌ी	ग	र
ड	व	घ	ड	◌ी	◌ा	प	य	ऊ	ब	ख	◌े	म	व	ल	भ
र	प	ग	ट	◌ं	आ	◌्	प	द	थ	घ	ब	र	आ	श	थ
ठ	ब	छ	ग	ब	ट	स	न	◌ी	ढ	ग	ञ	◌ू	म	आ	इ
ण	इ	उ	उ	◌ू	ट	व	उ	न	त	ठ	ड	द	ए	म	म
न	◌ा	श	प	◌ा	त	◌ी	च	श	अ	◌ा	ढ	त	य	इ	ए
ण	ख	इ	घ	ड	च	◌ी	आ	छ	ध	ध	ट	घ	ख	व	आ
ध	प	स	ट	ड	◌ो	क	◌ा	◌ो	व	ए	आ	म	भ	ग	उ
अ	◌ं	ग	◌ू	र	छ	आ	फ	च	ध	य	च	म	ऊ	व	न

एवोकाडो
खुबानी
बेरी
चेरी
नारियल
रसभरी
अमरूद
कीवी
नींबू
आम
सेब
आड़ू
तरबूज
नारंगी
शफ़तालू
पपीता
नाशपाती
अनन्नास
केला
अंगूर

12 - Geología

क	प	त	्	थ	र	ञ	स	ख	ढ	ञ	प	ए	स	त	च
्	व	ब	ण	न	ग	म	्	ध	ठ	फ	ध	ब	स	म	ब
व	ा	ा	ल	थ	ख	ठ	ट	ए	त	र	ट	न	ठ	ि	ञ
ा	त	क	ख	ख	घ	प	ै	क	म	म	र	ख	ध	आ	ड
र	उ	्	ए	ष	थ	घ	ल	ऊ	्	त	ष	न	ऊ	य	न
्	ऊ	ष	य	ऊ	च	व	ै	ग	ण	र	त	ि	श	ब	ष
ट	ग	ै	न	ब	ष	ष	क	ह	ख	प	ि	ज	म	ष	फ
्	ट	त	ए	य	इ	ण	्	ञ	इ	ऊ	ध	स	श	व	य
ज	श	्	भ	स	त	स	ट	द	न	ष	श	ब	्	न	घ
आ	फ	र	घ	म	य	श	ि	ल	्	ै	क	इ	व	ट	उ
प	ठ	ा	र	्	क	च	ट	च	र	ध	य	ट	ा	क	ल
क	न	घ	ु	ज	्	व	ा	ल	ा	म	ु	ख	ी	ट	ए
ं	त	ञ	म	ग	ा	ं	ू	म	ब	ध	ट	घ	ज	ा	ऊ
ू	च	ध	य	न	ह	ख	व	न	श	इ	य	व	व	व	ध
भ	भ	घ	व	च	ख	ण	ग	स	ध	ड	ञ	ष	न	म	क
ग	स	च	उ	स	त	म	ह	ा	द	्	व	ी	प	स	म

एसिड
कैल्शियम
परत
गुफा
चक्र
महाद्वीप
मूंगा
क्रिस्टल
क्वार्ट्ज
कटाव
स्टैलेक्टेट
जीवाश्म
लावा
पठार
खनिज
पत्थर
नमक
भूकंप
ज्वालामुखी
क्षेत्र

13 - Inmigración

द	घ	म	इ	ञ	उ	द	प	अ	न	ु	म	ो	द	न	ड
त	च	ख	द	च	ग	स	ग	्	स	ह	ा	य	त	ा	ट
च	न	त	ि	थ	ि	्	स	ए	र	र	ण	ष	आ	ढ	ऊ
घ	ह	ा	श	ब	आ	त	स	ए	ल	श	च	ध	र	थ	स
आ	ख	थ	व	फ	ह	ा	क	ं	ण	इ	ा	द	ष	उ	ं
अ	फ	़	स	र	ष	व	ा	भ	च	ऊ	उ	स	ल	श	र
आ	प	त	छ	ड	त	े	न	ध	ा	ा	म	स	न	फ	क
स	ी	म	ा	ओ	ं	ज	ू	ब	ग	ष	र	ा	प	द	्
ड	ल	ा	व	ल	य	ो	न	च	व	ध	छ	व	घ	प	ष
ब	श	ी	ढ	ग	व	ं	व	्	थ	न	व	आ	उ	य	ण
ा	ण	स	भ	ा	ष	ा	य	च	व	य	स	्	क	ो	ं
त	आ	य	फ	ठ	व	उ	ष	े	फ	थ	ठ	घ	ल	म	ह
च	श	म	स	द	श	उ	घ	म	प	ञ	च	ष	त	प	व
ी	र	स	श	ऊ	ग	ऊ	उ	उ	आ	ब	श	श	श	प	ठ
त	ए	ब	ब	ख	प	्	र	क	्	र	ि	य	ा	उ	द
ष	न	इ	उ	ग	फ	ब	त	ढ	ट	ध	ग	प	इ	छ	ह

प्रशासन
वयस्कों
अनुमोदन
सहायता
संचार
दस्तावेजों
तनाव
समय सीमा
सीमाओं
भाषा
कानून
बातचीत
बच्चे
अफ़सर
प्रक्रिया
संरक्षण
स्थिति
समाधान
आवास

14 - Álgebra

इ	च	श	ग	ग	च	घ	ब	थ	र	ञ	र	ञ	ए	र	ढ
न	ढ	ध	ऊ	भ	ट	ए	ट	ब	च	व	ह	त	न	◌े	प
ड	ट	द	ण	र	क	◌ी	म	स	म	◌ा	ध	◌ा	न	ख	न
उ	च	ल	छ	व	◌ं	च	ऊ	स	न	ट	च	ए	ख	◌ी	प
ध	र	ठ	व	छ	स	छ	ग	ब	ड	घ	ड	ख	प	य	य
ष	ध	ख	ऊ	ग	ब	प	आ	ढ	ण	छ	भ	ब	ह	ऊ	इ
छ	ष	ह	ग	घ	ड	ड	इ	अ	ऊ	भ	ए	ध	भ	य	व
म	भ	त	ट	ड	ब	इ	ल	◌ं	ण	ह	ठ	उ	श	छ	म
ए	आ	र	◌े	ख	थ	त	भ	श	इ	प	थ	प	ह	ढ	ञ
ण	ग	न	ह	च	ण	फ	च	य	◌ा	ख	◌्	◌ं	स	झ	इ
ड	ञ	ख	च	घ	ल	र	ष	फ	न	ष	स	ख	ऊ	◌ू	य
क	◌ा	र	क	द	प	◌ा	त	◌ि	र	◌्	प	◌ू	ण	ठ	म
व	◌ि	भ	◌ा	ज	न	◌्	अ	इ	ठ	त	◌ू	व	त	◌ा	ग
म	◌ा	त	◌्	र	◌ा	ग	इ	न	उ	य	ख	श	ब	◌्	इ
म	◌ै	ट	◌्	र	◌ि	क	◌्	स	◌ं	र	उ	इ	ऊ	च	र
क	◌ो	ष	◌्	ठ	क	ट	ध	ब	स	त	म	म	ब	ढ	न

मात्रा
शून्य
आरेख
विभाजन
समीकरण
प्रतिपादक
कारक
झूठा
सूत्र
अंश
ग्राफ
अनंत
रेखीय
मैट्रिक्स
संख्या
कोष्ठक
संकट
घटाव
समाधान
चर

15 - Plantas

ख	त	ञ	व	ग	उ	छ	र	ह	ष	क	म	उ	त	ल	ज
इ	ए	ण	द	न	ह	छ	ट	ठ	छ	◌ा	ड	श	ट	द	ड
व	न	स	◌्	प	त	◌ि	ठ	ए	च	ई	ऊ	य	म	प	◌़
य	म	ण	उ	ढ	घ	व	व	ख	इ	म	त	र	◌ी	◌े	ब
त	र	य	त	◌ा	◌्	त	प	म	ष	य	ल	◌्	त	ड	स
त	त	ढ	◌ी	ए	ड	◌े	र	फ	ऊ	स	य	◌ू	ए	◌़	म
क	◌ै	क	◌्	ट	स	◌्	ढ	द	ट	श	ष	स	फ	य	ञ
ट	ए	ख	त	र	◌ं	त	ध	उ	त	भ	प	ञ	ऊ	त	ण
ब	थ	न	प	ए	◌ा	प	ब	ष	श	ढ	ह	व	थ	य	स
ह	य	स	ह	ष	ब	भ	◌ु	ढ	उ	ठ	ण	ध	ध	आ	थ
द	ल	ध	प	न	ऊ	उ	श	प	र	ड	भ	आ	उ	म	य
फ	छ	ण	छ	च	त	त	ब	फ	◌्	श	प	म	इ	न	ढ
र	घ	◌ा	स	ट	र	ग	प	ण	व	ढ	ग	च	र	व	ह
ल	घ	ए	स	ट	य	आ	ए	म	र	श	च	न	ध	श	◌ी
ब	ग	◌ी	च	◌ा	ठ	व	ह	य	क	ब	ढ	◌़	न	◌ा	ऊ
ठ	ष	ध	आ	भ	छ	ल	ड	छ	ऊ	ढ	प	श	च	न	च

बुश
पेड़
बांस
बेरी
वन
कैक्टस
बढ़ना
उर्वरक
फूल
पत्ते
सेम
आइवी
घास
पत्ता
बगीचा
काई
पत्ती
जड़
सूर्य
वनस्पति

16 - Suministros de Arte

य	भ	ध	ध	ध	ढ	थ	ट	क	आ	म	◌ि	ट	◌्	ट	◌ी
न	◌ी	◌ा	प	र	न	छ	ख	◌ै	आ	ड	च	ऊ	आ	य	इ
द	ए	ब	म	◌े	ल	ण	घ	म	र	ट	◌ि	ण	ढ	र	द
द	ह	क	स	द	◌ं	◌ो	ग	र	च	म	त	ल	स	ढ	ड
स	◌ी	र	◌्	◌ु	क	स	ड	◌ा	न	ल	◌्	इ	ल	थ	द
ल	य	◌ो	श	र	◌्	ब	◌ि	ष	◌ा	त	र	व	ष	ऊ	ड
य	◌ा	◌ं	थ	त	◌ि	ए	ख	ल	त	ठ	फ	ड	प	ढ	श
र	◌्	च	म	ण	◌े	ल	घ	च	◌्	र	ल	ब	◌े	ट	ध
ब	स	◌ा	ढ	फ	ड	ल	◌ि	म	म	ए	क	ब	◌ं	भ	ब
ड	ल	◌ि	ग	श	आ	ट	ष	क	क	ञ	ग	ण	ट	न	ग
◌़	स	व	ग	ध	ढ	स	उ	भ	त	श	ह	ग	भ	घ	य
घ	ए	उ	छ	ह	ल	◌्	ज	ग	◌ा	क	थ	ण	भ	ब	ट
ए	उ	र	◌ं	ग	ए	◌े	ड	◌ं	च	प	ढ	ट	द	ह	भ
आ	र	ञ	ग	घ	ट	प	ऊ	र	य	ख	ग	ढ	ण	र	य
ठ	ट	ख	घ	ठ	ख	न	र	ल	इ	ल	ए	भ	इ	व	र
प	द	श	ठ	त	श	फ	ख	ज	द	श	आ	घ	छ	त	ट

तेल
एक्रिलिक
जल रंग
पानी
मिट्टी
रबड़
चित्रफलक
कैमरा
ब्रश
रंग
रचनात्मकता
विचारों
पेंसिल
टेबल
कागज
पेस्टल
गोंद
पेंट
कुर्सी
स्याही

17 - Negocio

इ	घ	न	श	ग	ख	य	त	न	त	न	ब	उ	व	ग	उ
आ	र	ि	ध	व	ण	फ	ै	क	्	ट	र	ी	ि	र	म
र	र	य	र	ि	ै	क	ध	ठ	उ	इ	य	स	त	छ	ढ
व	प	ो	ी	ह	ए	न	ए	ख	ब	ए	ख	घ	्	घ	ग
ट	ल	क	क	च	द	म	ु	द	्	र	ा	द	त	म	उ
फ	ा	्	्	ऊ	आ	र	ल	ब	ज	ट	ू	छ	न	ग	द
ह	ग	त	ि	उ	ब	त	न	े	म	ण	ग	य	भ	छ	र
ड	त	ा	ब	र	ध	्	ब	ि	न	ी	प	ं	क	इ	इ
द	ु	क	ा	न	ढ	स	र	श	व	द	श	ख	ड	ण	क
ढ	ल	र	ड	ऊ	घ	्	म	ा	ल	े	े	स	ब	ड	ा
द	छ	इ	ल	त्र	ल	श	ा	ड	ख	ख	श	न	ग	फ	र
र	ध	प	छ	भ	ग	ा	क	थ	श	छ	प	थ	इ	व	्
य	ं	ऊ	घ	ध	ढ	थ	थ	छ	ऊ	ण	इ	ै	ग	स	य
इ	ा	भ	द	इ	छ	्	त	थ	ठ	छ	फ	ढ	स	द	ा
क	र	्	म	च	ा	र	ी	घ	ष	ट	ए	ऊ	ट	ा	ल
त	क	च	भ	श	म	अ	च	ड	ध	द	फ	ग	व	भ	य

कैरियर
लागत
छूट
पैसा
अर्थशास्त्र
कर्मचारी
नियोक्ता
कंपनी
फैक्टरी
वित्त

करों
निवेश
माल
मुद्रा
कार्यालय
बजट
दुकान
काम
लेन-देन
बिक्री

18 - Jardín

त	छ	फ	च	इ	च	फ	न	म	ब	य	श	◌ु	ब	उ	च
ध	◌ा	आ	ञ	म	ट	◌ा	ह	ब	◌ा	व	ब	क	◌े	र	ऊ
ए	आ	ल	ल	ष	◌्	व	ख	ग	ड	प	प	न	◌ं	ढ	ठ
घ	ष	◌ू	◌ा	ग	ट	ड	ञ	◌ी	◌़	ण	ण	ग	च	ऊ	भ
य	श	फ	छ	ब	◌ा	◌़	छ	च	ठ	छ	त	व	उ	घ	व
द	म	ह	ढ	ल	न	◌ा	ह	◌ा	छ	ड	इ	प	ल	ठ	ख
आ	छ	ह	ऊ	न	◌ो	ड	भ	ल	च	फ	च	◌े	ध	ढ	ब
र	श	श	य	ट	◌ं	ढ	य	ह	श	फ	न	ड	प	भ	न
श	थ	म	आ	द	थ	घ	ग	ट	ब	ब	ज	◌़	भ	ए	ए
ढ	घ	ऊ	ग	छ	ग	इ	य	ध	ण	म	र	थ	च	न	त
फ	ल	◌ो	द	◌्	य	◌ा	न	◌ॉ	ल	त	◌े	◌ा	व	ल	ञ
ट	◌्	र	◌े	म	◌्	प	◌ो	ल	◌ि	न	◌ै	उ	म	◌ी	ठ
श	फ	ठ	झ	श	ट	ढ	फ	उ	स	ड	ग	ग	त	द	ठ
आ	य	उ	ण	◌ू	उ	य	ह	ण	प	ड	घ	च	◌ा	ध	◌ा
ञ	उ	म	घ	ण	ल	ऊ	श	ष	ऊ	आ	श	ण	म	ब	ढ
प	ठ	म	ग	च	व	◌ा	ए	इ	द	घ	◌ा	स	द	म	ट

बुश
पेड़
बेंच
लॉन
तालाब
फूल
गैरेज
झूला
घास
फलोद्यान

बगीचा
मातम
नली
फावड़ा
बरामदा
रेक
चट्टानों
छत
ट्रेम्पोलिन
बाड़

19 - Países #2

ठ	ठ	ज	म	◌ै	क	◌ा	ढ	प	व	थ	य	ट	ख	व	फ
ग	इ	य	ट	स	न	म	◌े	क	◌्	स	◌ि	क	◌ो	छ	◌्
फ	ए	भ	ष	इ	थ	◌ि	य	◌ो	प	◌ि	य	◌ा	ट	ल	र
ए	घ	स	य	◌ू	क	◌्	र	◌े	न	प	◌ा	◌ा	ज	ग	◌ा
आ	ऊ	◌ू	◌ू	स	इ	◌ं	ड	◌ो	न	◌े	श	◌ि	य	◌ा	◌ं
स	य	र	ए	ड	ड	◌े	न	म	◌ा	र	◌्	क	◌ा	त	स
त	◌ी	र	ए	व	◌ा	ल	प	ल	◌ा	ओ	स	य	र	र	श
द	र	र	ल	ऊ	न	न	◌ा	◌ू	य	ष	श	◌ु	◌ि	◌्	भ
म	य	प	◌ि	◌ै	ञ	ऊ	क	ब	ग	प	थ	ग	ट	◌ु	ऊ
आ	प	ञ	च	य	◌ं	च	◌ि	ट	प	फ	ऊ	◌ा	◌्	प	भ
छ	य	ञ	श	य	◌ा	ड	स	य	थ	इ	ल	◌ं	◌्	च	श
थ	ठ	ढ	ट	ह	ख	ष	◌्	श	ख	घ	फ	ड	स	ष	ञ
छ	ह	व	ए	व	ल	ण	त	य	भ	ह	प	◌ा	ऑ	ठ	छ
ग	आ	ह	आ	श	ल	य	◌ा	न	◌ि	ब	◌ा	◌्	ल	अ	स
ढ	इ	ब	श	ए	उ	ठ	न	आ	न	द	ञ	घ	ढ	ञ	थ
ऑ	स	◌्	ट	◌्	र	◌े	ल	◌ि	य	◌ा	ठ	श	ऊ	आ	ञ

अल्बानिया
ऑस्ट्रेलिया
ऑस्ट्रिया
डेनमार्क
इथियोपिया
फ्रांस
यूनान
इंडोनेशिया
आयरलैंड
जमैका
जापान
लाओस
मेक्सिको
पाकिस्तान
पुर्तगाल
रूस
सीरिया
सूडान
यूक्रेन
युगांडा

20 - Números

ग	ट	प	य	व	त	ख	न	छ	भ	ख	न	ठ	त	छ	श
भ	आ	ल	थ	उ	न	ण	स	ह	न	ढ	त	म	◌े	द	व
ए	स	ट	त	ञ	द	ञ	फ	व	◌ौ	ष	थ	च	र	◌ो	फ
ग	ढ	ख	ञ	आ	ख	ठ	ल	छ	इ	श	ध	◌ौ	ह	व	आ
भ	ल	च	श	आ	स	प	ट	ड	ग	ड	ण	द	थ	ष	ब
इ	ठ	घ	च	ठ	त	◌ा	उ	आ	ठ	व	ष	ह	भ	त	र
अ	श	◌ू	न	◌्	य	◌ं	ल	ध	ढ	न	श	न	र	ऊ	प
ठ	इ	भ	श	उ	ध	च	स	◌ी	ब	फ	ख	ग	द	◌ा	इ
◌ा	व	ठ	ञ	र	श	फ	◌ो	छ	प	◌ं	द	◌्	र	ह	ब
र	उ	न	◌्	न	◌ी	स	ल	ट	प	ब	द	ष	ष	छ	ख
ह	म	◌ी	ब	ड	ग	द	ह	प	थ	ख	इ	श	भ	ध	ग
त	द	त	द	ऊ	ड	र	घ	फ	स	व	उ	ल	म	ल	त
स	त	◌्	र	ह	ण	त	ण	त	घ	◌ा	ब	ढ	ऊ	ल	प
थ	ख	ढ	ख	छ	ढ	ढ	न	य	त	ठ	त	र	म	व	व
ए	श	न	ट	च	◌ा	र	थ	ल	प	उ	ध	म	ध	च	ट
ध	छ	ठ	श	ब	त	इ	आ	व	श	इ	ष	न	ए	घ	ट

चौदह
शून्य
पांच
चार
दशमलव
उन्नीस
अठारह
सोलह
सत्रह
दस
बारह
दो
नौ
आठ
पंद्रह
छह
सात
तेरह
तीन
बीस

21 - Física

ण	स	ष	च	भ	आ	आ	ठ	छ	न	व	ड	म	ऊ	च	थ
ड	ए	ह	उ	ख	इ	व	र	प	र	ब	ट	ञ	ग	स	त
स	ग	श	ख	आ	ब	थ	◌ृ	ए	◌ॉ	ष	ड	न	इ	ण	ड
◌ा	घ	ह	इ	उ	ग	इ	इ	त	ट	ल	ख	ल	ह	ष	स
र	थ	आ	भ	ए	य	◌ं	ल	◌ा	◌्	छ	म	ण	ए	र	घ
◌्	छ	उ	स	स	ख	ज	प	क	क	त	घ	न	त	◌्	व
व	ऊ	प	भ	श	ग	न	ट	ज	◌्	◌ा	◌ि	ठ	ढ	क	त
भ	व	स	ष	ट	म	घ	न	◌ा	◌े	ष	त	ठ	ब	व	◌्
◌ौ	◌े	इ	ह	ग	इ	ऊ	ह	र	ल	क	◌्	फ	इ	◌ा	क
म	ग	र	ए	थ	न	ग	ड	अ	इ	◌्	व	ञ	त	त	ब
◌ि	श	त	न	◌ा	भ	◌ि	क	◌ी	य	प	र	न	भ	◌्	◌ं
क	द	◌्	प	र	म	◌ा	ण	◌ु	घ	◌े	ण	उ	ट	र	◌ु
थ	म	◌ू	ए	ट	उ	ण	ख	ण	ड	◌ा	ग	ञ	ऊ	◌ु	च
र	◌ा	स	◌ा	य	न	◌ि	क	अ	उ	स	ऊ	◌ै	ऊ	◌ु	त
य	◌ा	◌ं	त	◌्	र	◌ि	क	◌ी	ड	स	ष	य	स	ग	छ
म	◌ा	स	भ	ध	य	ध	व	घ	ब	इ	इ	ञ	व	ग	इ

त्वरण
परमाणु
अराजकता
घनत्व
इलेक्ट्रॉन
सूत्र
आवृत्ति
गैस
गुरुत्वाकर्षण
चुंबकत्व

मास
यांत्रिकी
अणु
इंजन
नाभिकीय
कण
रासायनिक
सापेक्षता
सार्वभौमिक
वेग

22 - Belleza

थ	उ	उ	ग	च	◌ी	◌ं	◌ै	क	स	स	च	ऊ	द	द	फ
ट	स	◌्	ल	◌ि	इ	ट	◌ा	◌्	स	फ	ठ	ब	र	स	म
न	घ	छ	द	क	ण	न	ड	आ	त	ख	ल	य	◌्	उ	घ
फ	श	ढ	त	न	ष	भ	च	र	◌े	म	◌ि	ठ	प	ऊ	ए
द	◌ो	◌ं	प	◌ा	◌्	त	उ	ठ	ल	ए	प	इ	ण	ल	ट
ब	◌ू	श	◌ु	ख	र	उ	त	ब	थ	भ	स	स	ष	◌ा	ष
आ	छ	ल	◌ै	ष	क	द	◌्	ग	ण	म	◌्	म	ट	ल	ट
भ	ध	ए	ट	म	आ	ब	व	◌ा	◌े	स	ट	ण	ट	◌ि	उ
न	ण	श	म	ञ	◌्	द	च	म	घ	थ	◌ि	र	छ	त	ध
फ	आ	क	◌ृ	प	◌ा	प	◌ा	व	◌े	व	क	◌ं	घ	◌्	उ
न	घ	त	ष	ड	द	फ	◌ू	क	इ	क	आ	ग	फ	य	ध
फ	◌ो	ट	◌ो	ज	◌े	न	◌ि	क	◌ा	फ	अ	क	र	◌्	ल
य	छ	ग	ड	ब	ऊ	ह	ऊ	म	ड	ज	ल	प	च	स	ड
स	◌ु	र	◌ु	च	◌ि	प	◌ू	र	◌्	ण	ल	प	ल	इ	उ
च	उ	म	ल	व	ढ	ष	फ	फ	इ	ल	स	इ	छ	छ	च
द	ञ	व	ख	ध	ध	द	ठ	ख	ध	ढ	ण	व	ग	ड	य

तेल
शैम्पू
रंग
लालित्य
सुरुचिपूर्ण
आकर्षण
दर्पण
स्टाइलिस्ट
फोटोजेनिक
खुशबू

कृपा
मेकअप
त्वचा
लिपस्टिक
उत्पादों
कर्ल
काजल
सेवा
चिकना
कैंची

23 - Países #1

म	ब	थ	घ	इ	इ	न	ह	◌ो	◌ं	ड	◌ु	र	◌ा	स	प
च	◌ा	द	फ	ट	क	◌ि	म	◌ो	र	क	◌्	क	◌ो	ध	द
ड	आ	ल	ट	ल	◌्	क	ण	स	त	य	श	आ	ट	य	ष
अ	न	ऊ	◌ी	◌ी	व	◌ा	ब	◌्	र	◌ा	ज़	◌ी	ल	फ	ट
न	र	ष	स	व	◌े	र	प	थ	◌ा	ब	प	न	◌ा	म	◌ा
ढ	◌ॉ	◌्	ड	ए	ड	◌ा	◌ो	द	भ	◌ि	म	इ	ए	स	श
ठ	च	र	ज	र	◌ो	ग	ल	ह	ए	◌ी	त	श	ज	ग	भ
ड	भ	थ	◌्	◌े	र	◌ु	◌ै	थ	र	ल	फ	ल	◌़	उ	श
उ	ढ	ए	आ	व	◌ं	आ	◌ं	व	उ	ल	ढ	ऊ	◌ु	ञ	फ
आ	ढ	ट	आ	ध	◌े	ट	ड	◌ा	◌ा	न	क	श	न	ख	◌ि
प	ड	घ	भ	ल	आ	फ	◌ी	ब	ढ	घ	र	ञ	◌े	ख	ल
ह	ष	भ	ऊ	ऊ	ग	म	य	न	म	र	ख	प	◌े	ट	◌ि
व	श	छ	ल	भ	न	◌ि	ण	प	◌ा	फ	इ	न	व	त	प
ठ	द	द	ग	प	ध	स	ब	◌े	ल	◌्	ज	◌ि	य	म	◌ी
ज	र	◌्	म	न	◌ी	◌्	ख	◌्	थ	ग	स	ब	छ	घ	◌ं
भ	प	ढ	ध	ए	ल	र	ल	स	इ	ब	द	ड	च	ड	स

जर्मनी
अर्जेंटीना
बेल्जियम
ब्राज़ील
कनाडा
इक्वेडोर
मिस्र
स्पेन
फिलिपींस
होंडुरास

भारत
इटली
लीबिया
माली
मोरक्को
निकारागुआ
नॉर्वे
पनामा
पोलैंड
वेनेज़ुएला

24 - Mitología

थ	ग	ण	न	य	◌ो	द	◌्	ध	◌ा	ह	स	फ	म	ऊ	ई
घ	ड	य	◌ा	ल	◌ै	भ	◌ु	ल	◌ू	भ	◌ृ	ल	◌ू	थ	र
इ	ष	थ	य	द	ध	भ	छ	त	श	ण	ज	य	ल	फ	◌्
च	र	ष	क	ञ	प	प	घ	◌ु	स	ग	न	ग	र	द	ष
श	व	ए	फ	छ	ऊ	आ	द	◌ं	त	क	थ	◌ा	◌ू	ऊ	◌्
ए	◌्	◌ि	ध	उ	ध	ट	ग	ज	◌ि	ल	आ	ख	प	च	य
य	श	ट	श	र	ण	म	र	र	क	अ	श	थ	आ	त	◌ा
ञ	न	ए	य	◌्	◌ा	ड	◌्	ग	◌ृ	म	य	इ	द	थ	ऊ
ब	द	ल	◌ा	भ	व	क	व	आ	स	र	घ	ञ	र	ड	श
ऊ	र	ठ	श	ढ	इ	◌ा	◌्	ध	◌्	त	य	ढ	◌्	ट	ष
ब	◌ि	ज	ल	◌ी	ञ	द	स	ष	◌ं	◌ा	थ	उ	श	घ	र
व	◌्	य	व	ह	◌ा	र	ग	◌ो	स	छ	ठ	फ	ब	फ	घ
ए	उ	त	ल	प	प	ञ	र	आ	◌ं	च	च	ञ	घ	ध	त
ट	ग	म	श	थ	ह	ष	ज	भ	च	य	र	ग	न	ञ	◌ा
ख	छ	ड	ह	घ	य	श	ऊ	आ	आ	द	उ	ग	स	इ	क
द	उ	द	त	ढ	ह	ड	ड	ह	स	ऊ	भ	ग	स	ट	त

मूलरूप आदर्श
ईर्ष्या
स्वर्ग
व्यवहार
सृजन
विश्वासों
जंतु
संस्कृति
आपदा
ताकत
योद्धा
नायक
अमरता
भूलभुलैया
दंतकथा
राक्षस
नश्वर
बिजली
गरज
बदला

25 - Casa

ण ण छ ष र स ब ए ड ग उ ऊ न उ श स

प ह त म र स ◌ो ई च ख ◌ै ब प ऊ य त

◌् ल थ च ल ध इ छ ◌ि व र र ल द न ब

र ड न ◌ा ◌ा ख ह त म ड ष उ ◌े र क ष

द फ प ◌ी द थ भ ग न त घ ढ फ ज क ञ

◌ी छ छ ल द र क प ◌ी द ड न त आ ◌् ठ

व प आ ग द ◌ी व झ ◌ा ड ◌़ ◌ृ फ क ष व

◌ा ऊ य ण ऊ ◌ा न ◌ा ब ध ◌ा ब ग ◌ी च ◌ा

र त आ थ घ ट ठ ह ज ठ ब ड ख ड ड ग

छ ड ल व ह अ ह इ स ◌ा उ स ट ◌़ ख द

◌ा च प ड स ल द छ द त व घ श ◌ि ह ऊ

◌ौ ध आ ह ञ प ए ड उ प ख ख ग ख ह च

ब ष त म ए त फ श द इ न श श उ ऊ ध

ए ट उ ञ फ आ त र स ए ह य द ग स ल

प ◌ु स ◌् त क ◌ा ल य र ञ र ष ग भ ए

ट ञ आ फ थ श ढ ग न ल न र ढ ख र उ

गलीचा
अटारी
पुस्तकालय
चिमनी
रसोई
शयनकक्ष
बौछार
झाड़ू
दर्पण
गैरेज
नल
बगीचा
दीपक
दीवार
तल
दरवाजा
तहखाना
छत
बाड़
खिड़की

26 - Salud y Bienestar #2

ए	ए	आ	उ	स	न	न	न	श	उ	प	प	ण	य	ल	म
थ	ल	थ	ब	◌ं	स	ध	घ	ऊ	म	थ	◌ो	घ	य	ऊ	ख
ए	र	ञ	छ	क	क	ध	आ	ह	थ	स	ष	ढ	ल	थ	ष
ए	◌्	ष	द	◌्	◌ौ	◌ै	स	ग	थ	ठ	ण	ञ	घ	ऊ	ल
त	ज	भ	च	र	श	ठ	ल	अ	स	◌्	प	त	◌ा	ल	ब
स	◌ौ	◌ू	द	म	◌ि	ग	ष	◌ो	ट	म	ष	◌्	म	प	म
म	म	ख	र	ण	व	ल	घ	ट	र	ल	आ	क	म	इ	फ
थ	◌ा	र	◌ो	व	◌ं	त	न	◌ा	व	◌ी	ऊ	र	◌्	ज	◌ा
ख	आ	ल	ग	थ	◌ु	स	ए	ह	ऊ	◌ू	ढ	स	ञ	ण	प
ठ	ष	व	◌ि	न	न	ड	◌्	आ	ख	स	आ	◌्	ब	ल	ब
ड	प	उ	उ	श	आ	ग	स	व	न	व	इ	व	द	ब	श
उ	य	न	ए	ड	भ	ष	ट	ध	स	ट	फ	च	ए	छ	छ
श	र	◌ी	र	र	च	न	◌ा	प	ष	◌्	ध	◌्	ख	स	च
ञ	◌ा	छ	ऊ	आ	ट	ज	न	◌ा	र	न	थ	छ	ह	म	छ
म	ह	म	थ	द	त	व	स	च	ञ	न	ब	त	ढ	घ	र
व	आ	र	फ	ख	ट	म	च	न	म	◌ि	ट	◌ा	◌ि	व	फ

एलर्जी
शरीर रचना
भूख
कैलोरी
आहार
पाचन
ऊर्जा
रोग
तनाव
आनुवंशिकी
स्वच्छता
अस्पताल
संक्रमण
मालिश
पोषण
वजन
वसूली
स्वस्थ
रक्त
विटामिन

27 - Selva Tropical

ड	ष	य	त	आ	ञ	द	क	घ	र	ऊ	स	ख	र	न	ख
प	ल	द	◌ा	ब	ल	इ	त	ऊ	ञ	ऊ	म	च	न	घ	थ
थ	ग	इ	म	उ	ट	भ	◌ि	घ	फ	य	◌ु	◌ा	व	ल	ज
स	◌ं	र	क	◌्	ष	ण	प	क	ञ	ए	द	च	ष	छ	फ
म	ज	◌ी	घ	त	◌ी	म	स	◌्	◌ा	न	◌ा	ह	व	च	घ
द	श	ध	त	ण	◌्	ख	◌्	फ	र	ई	य	य	य	ण	ए
ए	ब	◌ा	ड	थ	क	इ	न	भ	द	क	ह	◌ा	प	ध	ठ
र	ट	न	ल	आ	प	ष	◌ा	ड	आ	श	◌ृ	◌ं	इ	र	थ
ञ	ञ	त	म	भ	त	◌ा	व	◌ि	ज	◌ी	र	त	◌्	त	उ
स	ठ	◌्	व	◌ि	व	◌ि	ध	त	◌ा	द	च	◌ि	◌ि	ष	प
म	ग	स	ब	य	ग	फ	ड	श	घ	◌े	य	ज	क	ए	छ
प	ड	च	ह	ष	ठ	ख	ल	व	द	व	भ	◌ा	◌ी	ट	उ
म	न	व	◌ा	य	ल	◌्	◌ू	म	स	◌्	उ	र	ड	ण	छ
श	द	भ	ल	ए	ढ	इ	ख	ग	ए	स	छ	◌्	◌़	च	प
उ	र	ठ	◌ी	आ	र	ठ	ण	घ	इ	श	ग	प	◌े	ढ	च
ड	घ	ण	आ	आ	प	ख	ढ	ञ	प	आ	फ	त	श	य	ल

उभयचर
वानस्पतिक
जलवायु
समुदाय
विविधता
प्रजातियां
स्वदेशी
कीड़े
स्तनधारी
काई
प्रकृति
बादल
पक्षी
संरक्षण
शरण
आदर
बहाली
जंगल
उत्तरजीविता
मूल्यवान

28 - Adjetivos #1

उ	ढ	य	ग	घ	ध	श	ग	ड	भ	ट	ड	ख	ए	म	ट
न	ि	र	प	े	क	्	ष	न	ध	ण	त	न	ग	ह	ञ
व	घ	भ	ल	ल	उ	म	ा	स	ू	म	इ	य	य	त	ख
ा	ट	ी	इ	म	ज	र	ई	आ	ध	ु	न	ि	क	्	आ
य	च	ं	य	ढ	्	ण	ठ	म	ब	आ	उ	श	ब	व	भ
ल	य	ग	य	घ	ज	ग	त	ग	ा	ड	श	ड	ब	प	ध
्	ठ	ष	क	ष	्	र	क	आ	भ	न	्	ल	घ	ू	र
ू	इ	ऊ	फ	घ	व	ा	ु	य	ध	त	द	ा	ऊ	र	स
म	घ	स	ए	फ	ल	द	ट	थ	र	छ	द	ा	इ	्	क
भ	ा	र	ी	ब	त	उ	भ	ण	द	घ	य	श	र	ण	्
छ	ष	ी	क	्	क	ा	ं	व	ा	्	त	ह	म	व	र
उ	र	ा	ध	े	ं	अ	ऊ	ह	ब	ण	व	ष	ब	ि	ि
त	आ	ख	ए	उ	ए	ष	ष	स	ू	इ	श	ख	ञ	श	य
्	श	ड	छ	ग	न	व	आ	ल	श	म	ष	प	व	ा	ट
त	म	ढ	ड	ठ	फ	म	थ	ध	ु	ल	ट	ध	य	ल	ल
म	द	ष	ए	घ	श	ख	ट	ठ	ख	त	ल	ञ	ऊ	ट	इ

निरपेक्ष
सक्रिय
महत्वाकांक्षी
खुशबूदार
आकर्षक
उज्ज्वल
विशाल
उदार
बड़ा
ईमानदार
महत्वपूर्ण
मासूम
युवा
धीमा
आधुनिक
अंधेरा
उत्तम
भारी
गंभीर
मूल्यवान

29 - Competencias Laborales

ष	द	स	च	◌ौ	क	स	ऊ	च	र	◌ी	◌ा	क	ह	स	ड
ण	ष	ध	आ	ट	ध	ष	ट	ग	च	अ	ञ	उ	आ	व	म
द	इ	ट	ण	म	ए	प	भ	आ	न	प	न	व	आ	न	य
व	ख	इ	उ	ञ	प	आ	ड	छ	◌ा	उ	प	◌ु	ढ	ऊ	ट
ख	त	स	उ	स	प	प	ग	त	त	न	◌्	थ	भ	इ	श
ष	स	◌्	व	त	◌ं	त	◌्	र	◌्	ञ	र	र	क	व	उ
स	द	द	इ	थ	श	न	ह	य	म	म	ब	ग	र	त	◌ी
स	म	आ	उ	इ	य	च	फ	◌ा	क	अ	◌ं	व	◌ि	◌्	स
ड	◌ं	र	श	ढ	ए	ष	ए	◌ै	प	न	ध	◌ि	श	त	◌ं
ढ	स	ग	◌्	व	◌ि	न	◌ी	त	◌्	◌ु	न	श	◌्	◌ृ	च
य	◌े	न	ठ	प	घ	प	ग	च	र	क	ण	◌्	म	◌े	◌ा
ग	◌ो	स	ढ	◌ि	◌ि	आ	ञ	इ	भ	◌ू	ल	व	◌ा	न	र
ए	र	त	ऊ	न	त	त	द	य	◌ा	ल	उ	स	ई	त	स
इ	भ	ढ	ण	स	ण	प	उ	भ	व	च	न	न	ध	ध	ख
अ	न	◌ु	क	◌ू	ल	न	◌ी	य	◌ी	त	ञ	◌ी	न	म	ब
ज	◌ि	म	◌्	म	◌े	द	◌ा	र	ञ	ऊ	ध	य	व	छ	ह

अनुकूलनीय
अनुकूल
चौकस
विश्वसनीय
करिश्माई
संचार
सहकारी
रचनात्मक
समर्पित
प्रभावी
अनुभवी
भरोसेमंद
प्रबंधन
स्वतंत्र
नेतृत्व
संगठित
तैयार
विनीत
जिम्मेदार

30 - Familia

ञ	स	स	घ	ण	ऊ	ज	व	र	◌्	◌ू	प	द	ल	न	व
म	प	म	◌ा	◌ं	ई	◌ा	भ	छ	य	र	व	◌ो	◌ा	फ	ई
ब	ह	न	प	च	ब	◌ी	स	य	घ	न	ग	र	त	द	भ
ध	आ	ल	इ	◌ा	ष	त	◌ा	◌ि	प	ह	त	भ	र	◌ा	◌ा
घ	उ	ण	व	◌ा	द	भ	श	प	ठ	त	ऊ	ऊ	घ	त	र
द	◌ा	द	◌ी	च	इ	थ	ञ	छ	ध	घ	◌ि	छ	उ	ढ	◌ा
ह	भ	प	◌ी	र	घ	ह	व	ढ	ध	ल	स	र	म	ड	◌े
ह	इ	ढ	ब	च	स	ष	ल	भ	ख	ठ	प	ञ	ब	न	च
भ	त	◌ी	ज	◌ी	आ	ष	फ	थ	ध	ट	र	आ	ग	श	च
ढ	इ	भ	ट	◌ा	न	घ	ण	ल	ठ	य	ण	छ	उ	ब	ल
इ	ह	घ	ध	च	ए	ञ	ल	ब	च	◌्	च	◌ा	श	श	ख
थ	द	म	फ	◌े	ठ	ध	ह	द	श	ग	ञ	ए	ठ	फ	ढ
व	ल	ध	ध	◌्	म	◌ा	त	◌ृ	ख	ल	ग	ध	उ	य	ण
श	ब	ध	श	च	छ	श	ब	ठ	श	ट	द	ढ	ञ	म	च
ए	य	ब	न	ब	◌े	ट	◌ी	ष	स	च	ख	घ	भ	व	च
थ	म	ठ	छ	ह	र	व	ण	त	छ	ग	फ	स	ख	ग	च

दादी
दादा
पूर्वज
बीवी
बहन
भाई
बेटी
बचपन
मां
पति
मातृ
पोता
बच्चा
बच्चे
पिता
चचेरा भाई
भतीजी
भतीजा
चाची
चाचा

31 - Disciplinas Científicas

ण	प	द	श	द	ह	भ	ल	ख	न	ज	भ	फ	स	स	प
न	ञ	◌ा	ज	◌्	व	◌ि	◌ो	न	म	◌ी	◌ू	◌ि	म	म	◌ु
त	भ	प	र	श	द	घ	प	श	त	व	व	ज	ह	◌ा	र
ह	◌ा	ण	म	◌ि	ख	ह	ठ	ब	ऊ	र	◌ि	◌ि	च	ज	◌ा
आ	ष	व	◌ौ	ग	स	न	ल	द	आ	स	ज	य	ध	श	त
य	◌ा	ब	स	ह	क	◌्	◌ि	र	न	◌ा	◌्	◌ो	ढ	◌ा	त
◌ा	व	इ	म	द	◌्	ए	थ	ज	भ	य	ञ	ल	ल	स	◌्
◌ं	◌ि	ठ	व	स	ट	उ	घ	◌ि	व	न	◌ा	◌ॉ	प	◌्	व
त	ज	ढ	◌ि	ड	◌ि	म	उ	श	त	◌ि	न	ज	◌ो	त	प
◌्	◌्	य	ज	ग	ब	ञ	ख	ग	आ	◌ि	द	◌ी	ष	◌्	ह
र	ञ	फ	◌्	प	◌ो	ल	ब	ण	ख	च	क	◌्	ण	र	ठ
◌ि	◌ा	ऊ	ञ	स	◌ो	ड	उ	प	त	आ	ऊ	◌ी	य	प	ग
क	न	न	◌ा	च	र	र	◌ी	र	श	भ	न	छ	ऊ	◌ा	ऊ
◌ी	ष	ख	न	ज	◌ी	व	व	◌ि	ज	◌्	ञ	◌ा	न	र	न
उ	ख	फ	इ	इ	म	◌्	य	◌ू	न	◌ो	ल	◌ॉ	ज	◌ी	ल
ख	ग	◌ो	ल	व	◌ि	ज	◌्	ञ	◌ा	न	त	ड	ए	ह	ढ

शरीर रचना
पुरातत्व
खगोल विज्ञान
जीवविज्ञान
जीव रसायन
पारिस्थितिकी
फिजियोलॉजी
भूविज्ञान
इम्यूनोलॉजी
भाषाविज्ञान
यांत्रिकी
मौसम विज्ञान
खनिज विद्या
पोषण
मनोविज्ञान
रोबोटिक्स
समाज शास्त्र

32 - Cocina

प व ह ध ट घ आ ए ण ढ च न उ य द थ
प च प च व ट व य ऊ श म थ छ म ढ य
म स ◌ा ल ◌े त इ ग ड प ◌् ष ल ष फ न
क ◌े त ल ◌ी उ ल म ए घ म ढ ख न ड ◌ै
◌ू च र य ह ब ग प ए म च स आ ष छ प
◌ा छ ◌ी ट म य फ भ द उ च र ड र द क
च क ण न ह थ त ◌ो ड फ ट थ स ट ड ◌ि
च ◌ा घ ह ◌ी स स ज क र छ ◌ु ल न व न
ध ◌ं आ ञ र क ट न प ठ ग द र च ड र
ष ट ञ व ऊ ग ◌ा च क ◌ं ज र ◌ि ◌् फ ◌्
त ◌े इ ब ◌ि ख ठ ◌ँ र व ◌् म ◌् ठ ष प
ड ल त फ ग ध घ त ट ग ध स ग त फ ए
द ढ च ग त ढ ◌ि ट ल ◌ा र इ श ड ञ ण
ठ ल ल श ए ग ट ड छ र इ ऊ ऊ च ट इ
ऊ ठ ऊ स द व च ख घ ओ व न ज द ण ध
फ ◌् र ◌ी ज र ◌ा ◌ो ट क इ त ग ण व त

केतली
भोजन
फ्रीजर
चम्मच
करछुल
चाकू
एप्रन
मसाले
स्पंज
ओवन
जग
चीनी काँटा
ग्रिल
विधि
फ्रिज
नैपकिन
कप
कटोरा
कांटे

33 - Moda

स	ऊ	ह	थ	ल	फ	ह	ढ	छ	घ	य	य	र	न	ट	ब
इ	ु	य	इ	ठ	व	ऊ	ण	प	उ	ए	स	ड	्	व	छ
आ	य	र	ड	म	ठ	त	द	स	म	घ	र	ढ	य	ा	थ
व	ध	उ	ु	ल	ठ	आ	ब	ए	म	प	ल	र	ू	न	ब
्	ष	ु	ख	च	च	ट	म	न	ू	ै	ह	आ	न	ब	र
य	म	इ	न	ब	ि	च	ा	ग	ल	ट	य	श	त	ब	भ
ा	छ	म	ण	ि	य	प	प	श	उ	र	ध	ै	म	ट	त
व	द	ञ	इ	न	क	श	ू	म	ख	्	फ	ल	ख	प	ऊ
ह	र	भ	त	फ	ट	ख	श	र	प	न	फ	ी	प	य	थ
ा	ट	उ	त	ी	र	न	ड	ग	्	म	ा	म	ू	ल	ी
र	ष	र	ग	त	ी	्	स	स	ा	ण	श	ऊ	म	उ	ह
ि	क	ए	ऊ	ा	ए	ट	्	र	े	ं	ड	छ	ग	स	फ
क	ढ	ग	द	स	आ	न	ख	ऊ	़	ञ	ह	श	ह	ऊ	स
ढ	़	इ	ऊ	र	र	व	श	भ	ड	ट	प	म	ढ	न	ह
श	ा	ष	द	य	ख	र	श	उ	प	ट	म	ल	य	ह	ञ
स	ई	भ	र	स	ण	ञ	ढ	ध	क	ट	ी	ु	ब	ठ	ऊ

सस्ती
कढ़ाई
बटन
बुटीक
महंगा
सुरुचिपूर्ण
फ़ीता
शैली
माप
न्यूनतम
आधुनिक
मामूली
मूल
पैटर्न
व्यावहारिक
कपड़े
सरल
ट्रेंड
बनावट

34 - Electricidad

व	ट	उ	उ	ध	ल	ण	य	घ	र	ब	ब	उ	व	ण	इ
ख	◌े	ब	ब	म	स	ष	इ	च	न	◌ि	◌्	◌ि	ल	स	स
ट	ल	भ	ए	स	क	प	◌ी	द	क	ज	ल	ह	ज	द	प
◌े	◌ी	श	ऊ	ड	◌ा	घ	ट	थ	◌ा	ल	ब	◌े	क	ल	ख
ल	फ	ठ	र	थ	र	ज	◌े	ल	र	◌ी	ढ	छ	र	इ	◌ी
◌ी	◌ो	स	भ	ग	◌ा	ब	उ	ढ	◌ा	क	ह	न	◌्	ञ	स
व	न	स	ण	ढ	त	छ	त	थ	त	◌ा	न	र	व	द	च
◌ि	थ	ख	भ	ण	◌्	ऊ	ए	य	◌्	र	ह	ज	ट	त	आ
ज	ध	घ	त	घ	म	ब	ञ	घ	म	◌ी	भ	ख	◌े	ऊ	थ
न	ऊ	र	श	ट	क	ख	व	स	क	ग	ख	य	न	ञ	ग
य	व	स	◌्	त	◌ु	ओ	◌ं	य	ह	र	◌ा	त	◌्	◌ा	म
स	च	घ	त	व	र	ह	श	ध	द	◌ी	उ	ढ	थ	च	भ
आ	◌ॉ	ऊ	ड	छ	◌ो	न	व	इ	फ	ट	प	श	ए	◌ु	ट
ब	ब	क	ब	भ	◌ं	ड	◌ा	र	ण	◌ै	क	ठ	उ	◌ं	व
ढ	आ	व	◌े	ख	◌ा	ढ	म	च	र	ब	र	भ	ष	ब	थ
आ	भ	ख	द	ट	त	ख	ब	घ	ध	ह	ण	त	ल	क	ए

भंडारण
बैटरी
बल्ब
केबल
तारों
मात्रा
बिजली कारीगर
बिजली
सॉकेट
उपकरण
जनक
चुंबक
दीपक
लेजर
नकारात्मक
वस्तुओं
सकारात्मक
नेटवर्क
टेलीविजन
टेलीफोन

35 - Salud y Bienestar #1

ल	घ	च	◌ा	व	◌्	त	म	ह	उ	प	च	◌ा	र	द	म
ण	ष	◌ि	न	प	छ	च	ई	च	◌ा	◌ं	ऊ	घ	ल	प	◌ा
थ	व	क	छ	ग	फ	प	◌ि	ए	ञ	र	त	इ	ऊ	इ	◌ं
ए	इ	◌ि	ल	श	फ	म	ष	क	ऊ	ब	◌्	ढ	च	इ	स
द	आ	त	छ	ट	भ	◌ू	ख	ए	◌ि	श	भ	म	इ	इ	प
ऊ	ठ	◌्	प	ल	ट	◌ा	श	य	ए	त	ण	ग	◌ो	य	◌े
ह	म	स	◌ी	म	◌े	र	◌्	◌ा	फ	भ	◌्	द	थ	न	श
फ	फ	◌ा	व	ह	द	ठ	भ	ड	ध	च	◌ं	स	ठ	म	◌ि
आ	द	त	भ	उ	व	म	द	ञ	ए	आ	व	ग	क	व	य
इ	ठ	च	ग	य	◌ा	र	◌ि	ट	◌ी	क	◌्	◌ै	ब	◌ा	◌ो
ञ	भ	ठ	ऊ	र	स	◌ा	द	उ	ह	न	ऊ	श	ष	इ	◌ं
ण	ए	त	श	◌ि	ण	श	त	ह	स	◌ि	फ	छ	ध	र	आ
द	स	य	भ	◌्	व	◌्	ण	ब	फ	ल	ढ	स	ह	स	आ
म	स	ए	र	क	ढ	◌ि	प	उ	थ	◌ि	ऊ	व	ए	फ	आ
ऊ	आ	घ	ग	स	र	व	न	स	फ	◌्	थ	न	श	म	स
ह	ड	◌्	ड	◌ि	य	◌ो	◌ं	च	इ	क	स	ष	ख	ष	न

सक्रिय
ऊंचाई
बैक्टीरिया
क्लिनिक
चिकित्सक
फार्मेसी
भंग
भूख
आदत
हार्मोन
हड्डियों
दवा
मांसपेशियों
त्वचा
आसन
पलटा
विश्राम
चिकित्सा
उपचार
वाइरस

36 - Adjetivos #2

द	ए	ख	ण	स	प	आ	च	ख	व	स	त	ण	उ	ज	प
न	◌ा	ट	क	◌ी	य	ग	घ	ढ	द	◌ा	◌ा	प	त	ि◌	◌्
◌ी	य	ख	थ	व	प	न	र	च	ठ	ध	ज	◌्	◌्	म	र
क	न	उ	म	क	र	श	उ	◌्	छ	◌ा	◌ा	र	प	◌्	स
म	थ	ण	ब	ञ	ग	◌्	घ	ल	व	र	ब	◌ा	◌ा	म	ि◌
न	द	प	ठ	आ	छ	य	ण	ड	आ	ण	उ	क	द	◌े	द
ल	ब	ष	क	म	त	◌्	◌ा	न	च	र	फ	◌ृ	क	द	◌्
छ	य	ण	म	थ	◌ू	ह	ञ	छ	◌ा	ऊ	प	त	ए	◌ा	ध
ख	घ	थ	र	न	ब	त	थ	ठ	थ	त	स	ि◌	आ	र	स
◌ा	य	च	आ	च	ज	ब	ष	ए	ग	न	◌्	क	आ	ह	◌ू
द	स	न	ह	ष	म	म	थ	त	ध	ब	च	म	आ	ख	ख
◌्	र	द	◌ा	ल	◌े	◌ा	स	म	ठ	ष	ल	द	क	फ	◌ा
य	द	ऊ	छ	न	ण	र	◌्	प	◌ू	च	ि◌	र	◌ु	◌ु	स
ध	उ	ठ	ट	थ	श	श	व	भ	ड	म	द	द	ऊ	द	ष
घ	छ	म	आ	प	य	ए	◌्	ग	ण	प	म	र	द	द	व
इ	ऊ	ण	ब	ण	ड	थ	स	स	श	श	ल	छ	ख	थ	भ

थक गया
खाद्य
रचनात्मक
वर्णनात्मक
नाटकीय
सुरुचिपूर्ण
प्रसिद्ध
ताजा
मजबूत
दिलचस्प
प्राकृतिक
साधारण
नया
गर्व
मसालेदार
उत्पादक
जिम्मेदार
नमकीन
स्वस्थ
सूखा

37 - Cuerpo Humano

ठ	भ	उ	घ	द	◌ि	ल	म	प	आ	उ	श	श	द	भ	आ
ढ	म	त	श	ञ	फ	न	छ	ह	आ	स	श	प	ग	ण	ध
घ	ध	उ	आ	न	न	घ	ड	इ	ढ	ख	स	ट	न	ए	स
श	ल	ब	ड	य	इ	उ	ए	ल	ए	स	ट	ख	ल	व	ब
थ	श	घ	आ	ब	न	ण	न	य	य	छ	ए	न	ढ	प	ड
ह	न	आ	ऊ	ट	र	थ	ठ	य	छ	ड	र	◌े	ह	उ	स
ह	थ	स	त	न	उ	ड	घ	आ	ख	छ	फ	ञ	व	◌ं	ष
ऊ	ण	व	फ	व	प	ख	ग	र	◌्	द	न	उ	न	ग	च
ण	र	◌ि	स	श	ग	ख	ख	च	ल	श	ख	ध	◌ा	ल	व
च	◌ा	क	◌ा	न	थ	द	◌ि	म	◌ा	ग	◌ं	◌ा	ट	◌ी	ह
घ	ह	द	◌्	ण	थ	◌ा	य	ढ	भ	व	आ	◌ं	◌ु	ग	उ
आ	◌े	ड	द	त	क	◌ो	ह	न	◌ी	ठ	◌्	क	घ	उ	ल
भ	च	ड	छ	ढ	त	आ	◌ँ	◌ा	ज	◌ो	ख	त	ट	ध	र
य	च	थ	इ	स	य	य	◌ु	क	ध	ड	प	श	छ	च	न
ल	थ	इ	ए	त	स	घ	म	फ	ष	◌़	व	र	न	श	त
फ	ट	ख	ण	च	ष	श	प	ढ	द	◌ो	ऊ	श	श	ल	त

ठोड़ी
मुँह
सिर
चेहरा
दिमाग
कोहनी
दिल
गर्दन
उंगली
कंधा
जीभ
हाथ
नाक
आंख
कान
त्वचा
टांग
घुटना
रक्त
टखने

38 - Calentamiento Global

त	च	व	भ	स	भ	ब	क	व	उ	थ	म	घ	श	घ	ढ
ञ	य	ढ	ण	र	न	व	न	प	ध	त	ण	छ	ब	थ	त
प	भ	उ	ख	अ	र	प	◌ि	ध	◌्	य	◌ा	न	र	त	प
ख	ख	ऊ	ड	घ	ब	त	ञ	ष	फ	प	◌ि	इ	प	च	ट
व	ण	घ	क	ड	◌े	ट	◌ा	आ	◌्	ए	र	ट	◌ी	भ	ड
ण	ञ	भ	थ	आ	थ	ढ	ज	ध	म	य	प	ग	ढ	छ	स
ऊ	इ	ण	र	व	य	◌ा	◌्	र	प	आ	ढ	ए	◌्	र	घ
त	प	ट	◌्	ह	इ	उ	◌ै	व	◌ि	क	◌ा	स	◌ि	च	आ
ञ	फ	ऊ	◌ा	ध	ह	व	व	ठ	ह	ग	म	प	य	त	ढ
ठ	त	ब	स	उ	ण	फ	◌ि	ए	ग	म	ढ	ख	◌ो	◌ा	ड
ए	ग	य	◌ो	◌्	द	उ	ख	ध	र	व	ज	स	◌ं	प	च
छ	◌ै	घ	च	ट	◌ी	ध	श	ट	◌ा	स	ल	◌ं	ह	म	ट
थ	स	थ	भ	य	◌ा	इ	श	म	क	न	व	क	म	◌ा	ट
ऊ	र	◌्	ज	◌ा	ब	ण	ह	स	र	ह	◌ा	ट	ञ	न	ष
उ	ञ	ऊ	द	ख	आ	त	स	ख	स	ढ	य	ड	र	त	त
ह	द	ष	घ	आ	र	◌्	क	ट	◌ि	क	◌ु	ल	ख	स	त

अब
पर्यावरण
ध्यान
आर्कटिक
वैज्ञानिक
जलवायु
परिणाम
संकट
डेटा
विकास
ऊर्जा
भविष्य
गैस
पीढ़ियों
सरकार
उद्योग
विधान
आबादी
सार्थक
तापमान

39 - Ciencia

ज	आ	ध	ट	ख	फ	ढ	छ	उ	ञ	ह	ए	ल	र	ड	इ
प	◌ी	द	क	न	ि	य	स	◌ा	◌ा	र	ख	ह	इ	◌े	म
ञ	स	व	उ	ि	ऊ	च	ढ	ड	र	श	त	छ	भ	ट	न
ग	ऊ	अ	◌ा	ज	क	ण	ष	ध	ष	ख	स	ण	श	◌ा	ष
◌ु	प	श	ण	श	प	ध	ष	ष	स	ल	श	न	ए	म	इ
र	प	◌्	ठ	◌ु	◌्	ण	व	ठ	र	व	ए	ञ	ब	च	प
◌ु	◌्	प	र	ए	ओ	म	ड	ड	ञ	ल	ऊ	◌ा	य	म	ण
त	र	र	प	य	ञ	◌ं	क	न	ि	ञ	◌ा	ज	◌्	◌ै	व
◌्	य	ि	◌्	◌ु	◌ो	ज	◌ौ	व	प	ठ	थ	◌्	थ	ऊ	ि
व	◌ो	क	र	◌ा	न	ग	श	प	र	घ	द	व	त	थ	क
◌ा	ग	ल	क	व	प	◌ौ	ध	◌े	म	ब	ञ	ि	ग	ध	◌ा
क	श	◌्	◌ृ	ल	ड	ड	श	ल	◌ा	स	च	क	आ	य	स
र	◌ा	प	त	ज	ष	म	व	य	ण	य	च	त	ञ	ष	फ
◌्	ल	न	ि	त	र	◌ौ	क	◌ा	◌ु	इ	ए	ि	ह	ऊ	छ
ष	◌ा	◌ा	ण	ए	ह	ष	ब	ट	ह	त	ग	◌ौ	म	श	भ
ण	ग	ग	ढ	ग	म	ग	ल	आ	ड	आ	ठ	भ	भ	ए	ड

परमाणु
वैज्ञानिक
जलवायु
डेटा
विकास
प्रयोग
भौतिक विज्ञान
जीवाश्म
गुरुत्वाकर्षण
तथ्य
परिकल्पना
प्रयोगशाला
तरीका
खनिज
अणुओं
प्रकृति
जीव
कण
पौधे
रासायनिक

40 - Restaurante #2

व	क	◌े	क	य	◌ा	◌ं	ज	◌ि	◌्	ब	स	थ	ढ	ठ	ए
ग	फ	◌्	र	ब	द	र	ब	ए	ब	फ	◌ू	उ	ठ	ख	छ
भ	ग	ट	ष	◌्	द	◌ि	व	◌ा	◌्	स	प	ड	ग	द	र
ण	व	फ	ट	◌ु	ढ	ढ	श	भ	म	ग	इ	च	न	म	क
प	◌ी	ल	छ	म	ध	ट	स	छ	ल	ढ	ल	म	ज	इ	ट
ऊ	◌े	र	घ	व	त	◌ा	स	स	ल	◌ा	द	◌्	भ	ठ	र
व	आ	य	ण	घ	म	◌ं	व	ध	र	ह	र	म	◌ो	ए	◌ा
थ	◌े	ड	फ	ह	ट	◌ा	प	र	ल	प	न	च	क	थ	त
ण	थ	ट	ट	स	घ	क	न	ध	◌्	उ	र	ठ	◌ा	इ	क
ध	ष	य	र	छ	क	ग	घ	ब	द	ध	र	ठ	र	ड	◌ा
ब	ब	ट	ब	आ	◌ु	र	ग	फ	ऊ	ब	क	घ	ह	ड	ख
ठ	ञ	म	ड	म	र	ग	व	ग	छ	य	ट	न	प	भ	◌ा
प	ल	ध	म	स	◌्	ह	उ	घ	व	त	स	य	◌ो	प	न
भ	प	श	आ	◌ा	स	ए	उ	आ	थ	न	च	आ	द	◌ा	◌ा
द	ख	ष	उ	ल	◌ी	ब	ख	ड	छ	ष	ल	म	ब	न	ध
छ	त	उ	ड	◌े	◌ं	अ	त	च	ढ	ण	ध	न	फ	◌ी	ख

पानी
दोपहर का भोजन
क्षुधावर्धक
पेय
वेटर
रात का खाना
चम्मच
स्वादिष्ट
सलाद
मसाले
फल
बर्फ
अंडे
केक
मछली
नमक
कुर्सी
सूप
कांटा
सब्जियां

41 - Profesiones #1

च	र	ख	य	ञ	ष	श	प	श	◌ि	क	◌ा	र	◌ी	न	ष
ढ	◌ि	व	इ	च	ञ	आ	व	उ	त	द	◌ू	ज	◌ा	र	च
ण	ट	क	न	◌ि	ञ	◌ा	ज	◌्	व	◌ै	◌ो	न	म	◌्	ढ
म	व	ख	◌ि	ऊ	भ	ष	च	इ	ध	ए	प	छ	श	त	फ
र	क	◌ा	र	त	◌्	च	◌ि	न	◌ा	म	ष	व	ख	क	ब
न	◌ी	ञ	◌ा	ज	◌्	व	◌ि	◌ू	भ	ख	ऊ	य	थ	◌ी	थ
त	प	ड	व	थ	य	स	◌्	र	न	◌ि	र	ट	ष	र	ब
व	क	◌ी	ल	ष	ष	क	क	च	व	ल	ञ	छ	र	क	ञ
व	स	ज	स	उ	इ	द	च	र	क	◌ा	त	ग	◌ी	◌ं	स
थ	य	◌़	घ	ञ	च	प	ण	भ	ए	ड	उ	य	त	◌ै	ध
भ	फ	◌ा	य	र	फ	◌ा	इ	ट	र	◌़	ष	घ	ठ	ब	ह
ण	ल	स	थ	इ	आ	◌ं	श	इ	ध	◌ी	ग	ट	ऊ	ट	न
न	ट	ल	स	थ	र	स	द	क	ह	र	ह	त	ऊ	स	घ
ग	ठ	न	ग	थ	आ	छ	र	ल	◌ो	ध	ठ	◌ौ	द	भ	फ
प	◌ि	य	◌ा	न	◌ो	व	◌ा	द	क	च	ट	व	ज	र	थ
ख	ग	◌ो	ल	व	◌ि	ज	◌्	ञ	◌ा	न	◌ी	च	ब	घ	आ

वकील
खगोल विज्ञानी
खिलाड़ी
नर्तकी
बैंकर
फायर फाइटर
मानचित्रकार
शिकारी
चिकित्सक
संपादक
राजदूत
नर्स
कोच
नलसाज़
भूविज्ञानी
जौहरी
संगीतकार
पियानोवादक
मनोवैज्ञानिक

42 - Vehículos

ड	फ	फ	ल	र	ह	ट	छ	म	छ	ढ	न	व	ह	इ	र
ढ	ष	म	ड	ब	◌ौ	ब	◌्	◌ु	ड	न	प	ड	य	च	◌ो
भ	म	ब	भ	छ	र	ट	थ	र	र	ष	ढ	व	ल	छ	ग
स	◌ू	स	ठ	च	◌ॉ	श	फ	य	◌ै	आ	द	व	भ	थ	◌ी
आ	ह	म	व	ल	क	◌ि	इ	◌ा	स	क	आ	भ	च	भ	व
ख	◌े	ड	◌ि	फ	◌े	ड	ण	ट	◌ौ	ठ	◌्	स	ठ	ष	◌ा
ड	ल	ट	थ	ग	ट	म	य	इ	क	र	◌्	ट	ढ	म	ह
प	◌ी	ख	◌्	भ	त	य	ड	स	◌्	छ	म	र	र	◌ो	न
क	क	स	ढ	र	व	म	◌़	फ	◌ै	प	इ	उ	भ	ट	द
◌ा	◌ॉ	ढ	श	म	◌े	व	◌ा	न	ट	द	द	त	ढ	र	क
र	प	ण	न	य	फ	न	◌े	र	छ	उ	न	इ	ड	च	◌ा
च	◌्	ढ	भ	य	फ	प	ब	र	◌्	ऊ	ए	द	उ	म	र
ट	ट	र	त	ट	प	ढ	त	य	ड	ग	न	म	◌ा	◌ि	व
ठ	र	छ	र	आ	ख	त	उ	ष	ए	य	◌ौ	प	ख	ध	◌ा
ख	ध	ग	ध	त	ञ	ड	श	ट	ल	ह	क	फ	द	ए	◌ं
ब	ए	न	ह	ध	प	फ	ढ	उ	ध	य	◌ा	ल	स	भ	ड

रोगी वाहन
बस
विमान
बेड़ा
नाव
साइकिल
ट्रक
कारवां
कार
रॉकेट
नौका
हेलीकॉप्टर
शटल
भूमिगत मार्ग
मोटर
टायर
पनडुब्बी
टैक्सी
ट्रैक्टर
ट्रेन

43 - Geometría

न	ड	ऊ	ह	त	स	न	घ	ख	ऊ	म	ा	ध	्	य	म
ब	ब	ट	भ	ध	फ	घ	त	ड	ं	ख	ग	ए	च	उ	ा
स	म	ा	न	ा	ं	त	र	प	च	ख	ड	़	ा	ख	स
व	ह	इ	ट	ं	च	ट	द	म	ा	य	आ	फ	इ	य	ए
ब	्	ढ	र	द	ख	फ	ढ	ढ	ई	ु	प	ड	प	ल	त
र	र	य	ढ	्	ड	द	म	म	ट	ष	न	छ	थ	ध	च
ह	घ	छ	ा	ि	ए	ढ	ग	ण	न	ा	य	अ	ह	छ	द
ञ	ठ	ड	स	स	श	ञ	न	य	ह	ध	श	म	ब	द	ड
आ	र	ग	म	ट	य	ध	क	स	ं	ख	्	य	ा	र	व
ण	क	ो	र	ि	्	त	्	ो	ष	व	क्	्	र	व	न
त	ण	न	ू	ख	द	ञ	र	ढ	ण	र	क	ी	म	स	आ
स	ल	ष	प	ग	र	ज	त	ि	ष	ै	्	क	ट	व	ए
ल	ट	ह	त	घ	ष	ग	इ	भ	ण	आ	व	ड	श	प	ए
ड	त	ध	ा	ए	छ	र	ध	आ	प	ढ	थ	ठ	ऊ	घ	र
घ	ग	श	ल	ऊ	ण	ल	च	ख	त	व	छ	इ	थ	थ	द
म	म	च	ढ	ऊ	त	प	ढ	ष	ध	इ	ल	ल	ठ	ड	ष

ऊंचाई
कोण
गणना
वक्र
व्यास
आयाम
समीकरण
क्षैतिज
तर्क
मास
माध्य
संख्या
समानांतर
अनुपात
खंड
समरूपता
सतह
सिद्धांत
त्रिकोण
खड़ा

44 - Vacaciones #2

छ	ग	ं	त	व	्	य	श	म	य	ण	ल	इ	ग	ट	फ
स	ु	श	भ	व	ि	द	े	श	ी	ा	प	ग	श	्	ऊ
ग	ञ	ट	ट	ऊ	च	श	य	स	फ	ढ	त	ड	घ	र	ञ
ड	ा	ड	्	अ	ई	ा	व	ह	म	ब	भ	्	ए	े	ह
श	ए	इ	ण	ट	न	क	्	श	ा	ु	त	ह	र	न	ो
इ	ण	श	ष	ए	ी	व	त	छ	ग	उ	द	च	द	ा	ट
ट	ै	क	्	स	ी	अ	श	इ	त	व	र	्	ण	भ	ल
र	ख	श	क	स	म	ु	द	्	र	त	ट	व	र	ा	इ
्	ट	व	र	द	्	व	ी	प	आ	उ	ड	ी	े	ज	ऊ
प	ल	ल	आ	ल	ढ	श	छ	ध	श	ख	ढ	ज	ं	न	ल
ा	स	व	म	ह	च	इ	ट	ध	भ	ड	ऊ	ा	व	ा	छ
स	ढ	र	थ	आ	ञ	प	र	ि	व	ह	न	उ	ी	ल	ब
ा	व	व	न	ऊ	घ	न	घ	व	ए	ध	न	प	्	य	फ
प	छ	ञ	ध	प	त	र	व	य	ट	आ	ट	भ	स	न	ण
ह	ब	त	ं	ब	ू	छ	भ	ड	आ	ञ	ह	ध	त	ख	ध
ख	श	य	आ	प	ग	फ	ण	य	ञ	स	त	द	ह	घ	स

हवाई अड्डा
तंबू
गंतव्य
विदेशी
तस्वीरें
होटल
द्वीप
नक्शा
समुद्र
अवकाश

पासपोर्ट
समुद्र तट
आरक्षण
भोजनालय
टैक्सी
परिवहन
ट्रेन
छुट्टी
यात्रा
वीजा

45 - Baile

ल	श	र	इ	ड	ल	भ	द	ख	ए	ह	ण	इ	छ	स	च
छ	ध	र	म	ी	द	ा	क	अ	ड	र	ए	न	प	ं	न
छ	छ	थ	ी	ा	स	व	क	र	ड	घ	ऊ	फ	ब	स	ल
ष	र	छ	ऊ	र	प	न	च	य	र	व	घ	स	ड	्	ग
द	ष	म	स	ण	ट	ा	ू	ल	त	ग	ी	ं	स	क	य
ल	र	त	न	न	उ	ट	स	ष	ग	्	फ	म	ह	ृ	थ
छ	प	ल	ा	त	ष	ि	्	र	ह	त	ृ	द	ग	त	म
श	ा	स	्	त	्	र	ी	य	आ	स	न	न	क	ि	त
ऊ	व	र	क	त	ि	क	ृ	स	्	ं	ा	स	ल	श	म
य	श	्	ृ	द	ध	त	प	उ	इ	ड	ब	श	ा	द	ण
र	ट	ह	प	ग	उ	ऊ	ग	ल	च	व	य	त	च	प	फ
ध	व	ि	ा	य	च	र	ण	ग	ड	ख	ड	घ	ष	ध	ठ
ग	ढ	र	आ	ह	च	ष	ण	ष	ड	श	ट	फ	भ	त	ञ
फ	त	व	थ	द	च	ढ	ट	थ	श	ह	द	ढ	उ	र	ल
ऊ	घ	ट	न	छ	ण	ब	ग	आ	भ	प	ऊ	त	ए	आ	ऊ
ञ	प	र	ं	प	र	ा	ग	त	र	ठ	ध	ष	ठ	आ	ढ

अकादमी
हर्षित
कला
शास्त्रीय
नृत्यकला
शरीर
संस्कृति
सांस्कृतिक
भावना
रिहर्सल
सूचक
कृपा
गति
संगीत
आसन
ताल
साथी
परंपरागत
दृश्य

46 - Matemáticas

प	ए	स	स	ञ	ञ	फ	घ	न	ए	भ	श	व	ढ	स	ऊ
घ	ग	य	स	◌ी	ह	र	थ	उ	ऊ	त	ल	◌्	फ	◌ं	प
ञ	भ	ष	म	व	ध	◌ि	◌ि	र	प	उ	ऊ	य	ल	ख	उ
न	ज	भ	◌ा	◌ि	व	◌ा	व	र	ड	द	उ	◌ा	प	◌्	आ
अ	◌ं	श	न	स	म	र	◌ृ	प	त	◌ा	ण	स	◌्	य	य
थ	त	य	◌ा	ज	◌्	र	◌ि	◌्	त	भ	क	ट	र	◌ा	त
प	ण	ठ	◌ं	प	ब	स	इ	ड	स	थ	◌ो	ड	त	ए	य
ग	ट	उ	त	ब	ह	◌ु	भ	◌ु	ज	व	र	न	◌ि	◌ँ	आ
ञ	ष	व	र	र	न	अ	◌ं	क	ग	ण	◌ि	त	प	घ	ड
थ	ठ	इ	थ	थ	भ	म	ठ	थ	◌्	ढ	◌्	य	◌ा	इ	छ
उ	ञ	द	ड	व	ए	त	व	व	र	श	त	आ	द	व	ठ
य	छ	व	ड	थ	म	उ	र	र	व	ए	उ	ब	क	आ	ञ
ण	न	घ	ल	आ	म	ब	य	आ	म	प	आ	ख	ढ	ञ	न
ज	◌्	य	◌ा	म	◌ि	त	◌ि	क	र	ण	त	ह	भ	भ	द
ब	इ	य	फ	ल	श	ब	ह	द	◌ो	स	म	◌ी	क	र	ण
ञ	द	ए	ड	ट	इ	द	ल	ख	भ	ण	ठ	स	च	ध	व

अंकगणित
कोण
परिधि
वर्ग
दशमलव
व्यास
विभाजन
समीकरण
प्रतिपादक
अंश

ज्यामिति
संख्याएँ
समानांतर
सीधा
बहुभुज
त्रिज्या
आयत
समरूपता
त्रिकोण
आयतन

47 - Restaurante #1

भ	ढ	छ	उ	भ	ई	न	भ	म	◌े	न	◌्	य	◌ू	ब	स
च	म	ह	त	इ	◌ो	क	◌ॉ	फ	◌़	◌ी	व	ढ	फ	न	त
ट	◌ि	ब	ष	थ	स	ज	ए	प	म	र	ण	त	भ	य	च
इ	ठ	ष	घ	ह	र	◌ी	न	श	ऊ	द	ऊ	म	त	त	न
व	◌ा	ल	र	उ	ल	◌्	क	उ	च	◌ा	क	◌ू	श	च	ध
स	ई	ड	ट	म	च	र	◌ि	ण	ष	ल	ठ	म	र	ए	र
◌ं	◌ा	ग	ध	छ	ह	ल	च	भ	न	◌े	ड	उ	स	आ	ऊ
◌ा	ग	म	च	ण	म	ए	इ	इ	ष	◌ा	स	व	व	इ	फ
म	म	ड	ग	ष	य	ब	फ	ण	आ	स	व	इ	ध	ध	ठ
ख	न	ऊ	ण	◌्	ढ	ए	र	ऊ	फ	म	आ	फ	द	ल	म
ग	ज	ञ	ध	क	र	त	◌ा	ड	आ	ट	व	ठ	ब	छ	घ
ट	ड	◌ा	ट	र	ट	◌ी	◌ो	र	ढ	ल	प	ड	फ	थ	घ
ए	य	त	◌ं	आ	व	◌े	ट	◌्	र	◌े	स	च	ट	न	◌ी
उ	ए	ध	ष	च	ध	ब	क	व	ञ	◌्	ष	ए	ध	ब	आ
स	ह	ऊ	ध	त	◌ी	न	य	ण	ड	प	ब	द	आ	श	न
ब	ञ	ढ	न	◌े	प	क	◌ि	न	प	प	आ	ए	य	ड	ग

एलर्जी
कॉफ़ी
खजांची
वेट्रेस
मांस
रसोई
भोजन
चाकू
सामग्री
मेन्यू
रोटी
मसालेदार
प्लेट
चिकन
मिठाई
आरक्षण
चटनी
नैपकिन
कटोरा

48 - Profesiones #2

क र क ◌ा ष ◌् ◌ि व आ ण र द म ञ स द
स ◌ि फ ◌ो ट ◌ो ग ◌् र ◌ा फ र ऊ ष ध ◌ं
त र स त ध ध श छ म ठ ञ ढ ड ◌ी त त
◌् ड द ◌ा व र इ ख फ उ ए ड म भ द च
क ह ◌ा र न य र ◌ि र ◌े ब ◌् इ ◌ा ल ◌ि
◌ि न र ◌् ◌ी न व उ र स उ ग ष ◌ु ◌ी क
◌ि श ◌् क ञ ◌ि आ ऊ ट त र ह ध ह ◌ा ◌ि
च ◌ि श ध ◌ा ज उ व र म य ◌् थ ब म त
छ क न ◌ो ज ◌ी प भ ◌े च इ म ज त च ◌्
ऊ ◌् ◌ि श ◌् ◌ं भ त ट ल य ◌ा प न ◌ि स
श ष क ध व इ उ ए ◌् फ व स द इ त क
आ क आ ठ ◌ि ग आ इ ◌् र म स ड य ◌् स
ध ब ग श व आ र ल स भ क ◌ू ब श र ग
भ म ल ड ◌ी थ प थ ल त स ◌ा य ऊ क ग
छ ड ख छ ज प ट उ इ ह ड ज र ट ◌ा आ
ज ◌ू ल ◌ॉ ज ◌ि स ◌् ट ए ख ण ञ द र ह

किसान
लाइब्रेरियन
जीवविज्ञानी
सर्जन
दंत चिकित्सक
जासूस
दार्शनिक
फोटोग्राफर
इलस्ट्रेटर
इंजीनियर
आविष्कारक
शोधकर्ता
माली
बहुभाषी
चिकित्सक
पत्रकार
पायलट
चित्रकार
शिक्षक
जूलॉजिस्ट

49 - Senderismo

व	ञ	ढ	ञ	प	इ	य	च	ट	◌्	ट	◌ा	न	अ	ग	ख
श	◌ा	◌्	क	न	ह	◌ु	ब	ऊ	र	त	आ	ञ	भ	द	आ
फ	◌ि	म	ढ	इ	फ	◌ा	य	ग	क	थ	श	आ	◌ि	भ	ण
ढ	ढ	ख	च	छ	छ	व	ड	इ	◌ा	ग	ष	ह	व	ह	प
स	ग	भ	र	◌्	र	ल	छ	◌़	आ	भ	ठ	घ	◌ि	ऊ	◌ा
उ	ध	च	थ	स	छ	ज	ड	ट	प	ख	ह	ग	न	ध	न
स	न	ठ	◌्	श	म	र	◌ो	◌ं	व	न	◌ा	ज	◌्	छ	◌ी
म	न	ञ	त	श	म	◌्	◌ो	फ	इ	ऊ	ज	न	य	य	ब
ग	ण	भ	प	ध	ग	ण	म	◌ं	ष	घ	◌ू	◌ा	◌ा	आ	ढ
प	◌्	र	क	◌ृ	त	◌ि	ब	◌े	ह	स	त	ल	स	श	म
ञ	र	◌ी	य	◌ा	◌ै	त	स	थ	ल	ष	◌े	ड	ख	ठ	ख
ड	ब	◌ा	उ	र	प	भ	◌ू	द	◌ी	न	प	◌ा	र	◌्	क
फ	य	भ	ग	र	घ	ढ	र	म	ग	फ	ढ	र	ख	ञ	ट
थ	प	म	इ	ऊ	उ	फ	◌्	स	◌ं	व	म	◌ा	इ	ए	ब
ह	त	थ	म	व	ए	स	य	ञ	ज	च	म	◌े	न	आ	ट
उ	ग	त	इ	श	ख	ण	ड	ञ	व	ठ	ण	ड	ण	ख	ण

चट्टान
पानी
जानवरों
जूते
डेरा डालना
थक गया
जलवायु
शिखर सम्मेलन
गाइड
नक्शा
पहाड़
मच्छरों
प्रकृति
अभिविन्यास
पार्क
भारी
पत्थर
तैयारी
जंगली
सूर्य

50 - Naturaleza

थ	च	ष	व	ग	न	◌ि	र	◌्	म	ल	द	◌ा	ब	आ	ल
ठ	ढ	ग	◌ा	ड	भ	आ	द	ग	प	त	◌्	त	◌े	र	ड
ए	ठ	ढ	ट	श	ह	श	ण	थ	◌्	फ	व	ध	ग	◌्	स
न	इ	म	क	◌ो	ह	र	◌ा	ढ	द	ल	ख	फ	ख	क	त
ज	◌ा	न	व	र	◌ो	◌ं	ड	ञ	त	आ	◌े	आ	ट	ट	ण
उ	ष	◌्	ण	क	ट	◌ि	ब	◌ं	ध	◌ी	य	श	स	◌ि	म
र	आ	श	◌्	र	य	प	भ	ऊ	व	द	◌ो	श	◌ि	क	व
छ	◌े	घ	ऊ	ध	ञ	व	श	र	ढ	न	◌ं	◌ा	ग	य	द
ढ	ए	ग	उ	ब	ट	र	ऊ	इ	ठ	ष	ख	◌ं	स	ण	र
ट	ऊ	ष	◌ि	ख	ड	थ	भ	ष	स	न	◌ि	त	इ	◌्	र
आ	घ	ण	ग	स	ह	श	आ	य	◌ु	उ	क	◌ि	ऊ	र	श
ग	व	ऊ	त	ज	◌्	य	त	र	◌ं	ञ	◌्	प	न	◌ा	घ
म	ल	ट	◌ि	ण	◌ं	त	ह	ञ	द	प	म	◌ू	द	य	ए
छ	श	थ	श	भ	घ	ग	◌ा	ख	र	ट	◌ु	र	थ	भ	उ
ष	भ	श	◌ी	ट	व	र	ल	न	त	ण	ध	◌्	ट	अ	म
थ	ण	व	ल	ध	न	ष	भ	◌ी	◌ा	द	म	ण	प	छ	ञ

मधुमाक्खियों
जानवरों
आर्कटिक
सुंदरता
वन
रेगिस्तान
गतिशील
कटाव
पत्ते
ग्लेशियर
कोहरा
बादल
शांतिपूर्ण
आश्रय
नदी
जंगली
अभयारण्य
निर्मल
उष्णकटिबंधीय

51 - Conduciendo

ए	ख	ब	ठ	प	त	थ	ख	ब	प	श	च	य	घ	र	म
ग	त	◌ि	म	र	◌ै	स	द	आ	स	र	र	◌ा	ग	व	◌ो
न	क	◌्	श	◌ा	घ	द	ग	त	न	ष	ण	त	ण	ट	ट
प	र	प	द	म	आ	स	ल	◌ि	◌ु	प	ग	◌ा	ञ	व	र
थ	◌्	उ	ख	ए	न	इ	न	य	फ	ष	◌ै	य	य	ब	स
ब	ट	च	इ	स	स	◌े	◌ं	इ	◌ा	ल	स	◌ा	त	ए	◌ा
च	थ	य	स	घ	ग	इ	उ	इ	र	त	फ	त	ग	थ	इ
ब	ढ	ग	प	ह	स	ई	ख	इ	त	ए	◌्	इ	च	ग	क
ष	◌ा	क	◌्	र	◌ु	स	◌ं	भ	ख	प	आ	र	छ	ल	◌ि
म	भ	च	ट	◌ा	◌ि	ह	ढ	ध	श	छ	म	ट	◌ी	◌ी	ल
प	ल	श	न	क	थ	व	त	ष	न	न	ढ	◌ो	स	श	ध
ड	य	ऊ	ग	र	भ	भ	ह	ञ	ध	न	ञ	म	व	त	त
छ	उ	ज	र	◌े	◌ै	ग	थ	न	◌ा	ट	घ	र	◌्	◌ु	द
ब	य	त	◌ं	◌्	य	ह	व	श	ढ	प	श	न	भ	थ	ऊ
ग	र	इ	◌ु	ब	म	श	ड	य	ट	ब	ष	स	न	ल	म
ट	र	म	स	भ	र	र	म	घ	आ	म	ण	ग	ण	ण	फ

दुर्घटना
गली
ट्रक
कार
ईंधन
ब्रेक
गैरेज
गैस
लाइसेंस
नक्शा
मोटरसाइकिल
मोटर
पैदल यात्री
खतरा
पुलिस
सुरक्षा
परिवहन
यातायात
सुरंग
गति

52 - Ballet

न	ब	ह	न	द	ण	र	आ	ल	ट	इ	भ	ब	भ	उ	ब
र	ड	म	◌ृ	र	र	स	◌ं	ग	◌ी	त	ण	◌ै	ड	फ	ञ
◌्	भ	ण	त	श	ह	◌्	ल	ड	र	ठ	उ	ल	◌ा	त	व
त	द	छ	◌्	इ	ग	म	श	द	छ	त	इ	◌े	थ	ल	◌ा
क	म	ष	य	आ	प	श	र	क	◌ा	त	ग	◌ी	◌ं	स	ह
◌ि	द	ह	क	च	◌ू	स	ण	ब	छ	ल	न	छ	र	र	व
य	द	ध	ल	श	◌ौ	क	त	स	र	प	ड	ञ	आ	◌्	◌ा
◌ो	ग	ख	◌ा	ट	फ	ल	प	◌ी	ध	इ	ल	ढ	ठ	ह	ह
◌ं	ध	क	ल	◌ा	त	◌्	म	क	व	व	न	ट	च	◌ि	◌ी
ल	य	◌ी	ञ	◌ी	र	◌ा	ट	◌्	स	◌्	क	◌े	◌्	र	ऑ
ग	ढ	न	प	ष	◌ै	इ	द	व	च	ल	र	थ	ध	ड	म
त	ध	क	थ	भ	ख	श	ग	र	ञ	छ	घ	त	फ	भ	श
ध	श	त	ऊ	य	◌ो	◌ं	श	◌ि	प	◌े	स	◌ं	◌ा	म	ल
ठ	ऊ	ऊ	र	ञ	ऊ	स	इ	ढ	व	ध	ध	थ	भ	व	ब
इ	श	◌ा	र	◌ा	अ	भ	◌्	य	◌ा	स	फ	व	ञ	ट	ब
ण	र	न	ग	आ	भ	ण	ऊ	श	य	ष	ट	ञ	त	ड	ल

वाहवाही
कलात्मक
दर्शक
बैले
नर्तकियों
संगीतकार
नृत्यकला
रिहर्सल
शैली
सूचक

इशारा
कौशल
तीव्रता
सबक
मांसपेशियों
संगीत
ऑर्केस्ट्रा
अभ्यास
ताल
तकनीक

53 - Fuerza y Gravedad

ष	ल	ह	ए	ट	ट	श	र	त	य	र	आ	ऊ	व	य	श
श	ण	ो	ल	ग	र	द	्	ं	े	क	ष	स	ट	ष	ञ
च	ु	ं	ब	क	त	्	व	भ	ा	र	्	प	ख	भ	ढ
स	ग	र	घ	ह	ा	त	क	श	ठ	ल	क	घ	ठ	म	ऊ
भ	आ	्	य	म	स	ख	क	ह	श	च	अ	द	आ	य	ग
ध	ौ	ग	ख	ष	्	प	्	ख	ह	ठ	ग	ट	स	ण	उ
ड	इ	त	स	ब	ि	ण	ष	्	र	घ	ढ	ग	व	ट	य
ध	न	ध	ि	प	व	व	ा	ब	द	ष	ष	ब	श	व	च
प	व	ण	द	क	ल	ध	ल	फ	ण	द	ग	ल	ह	ल	द
न	ब	ष	ठ	घ	व	आ	द	ह	ध	ग	ू	ढ	ग	च	ढ
ञ	उ	भ	ल	श	ी	ि	त	ग	प	त	स	र	च	य	य
स	प	र	ब	प	ख	छ	ज	ट	म	ि	ल	फ	ी	ग	आ
र	च	ञ	आ	द	ख	ष	घ	्	ऊ	र	द	ए	ब	ल	ठ
य	ा	ं	त	्	र	ि	क	ी	ञ	ऊ	ढ	द	ट	ण	ध
स	ा	र	्	व	भ	ौ	म	ि	क	ा	ख	ो	ज	फ	ध
आ	य	ख	र	व	च	भ	छ	छ	च	ग	न	ज	व	घ	ख

केंद्र
खोज
गतिशील
दूरी
अक्ष
विस्तार
भौतिक विज्ञान
घर्षण
प्रभाव
चुंबकत्व
यांत्रिकी
गति
कक्षा
वजन
ग्रहों
दबाव
गुण
समय
सार्वभौमिक

54 - Pájaros

आ	म	श	ड	फ	ल	ह	त	ह	व	◌ा	स	◌ी	ल	अ	ष
◌ौ	आ	◌ू	इ	ग	ब	◌ं	◌ो	ढ	थ	ग	द	ए	आ	◌ं	त
क	त	त	र	र	भ	स	त	ख	ड	ल	म	च	ज़	ड	ह
ए	◌ो	ग	द	◌्	द	ञ	◌ा	श	श	ह	ख	द	ड	◌ा	घ
ख	च	य	ट	म	ख	प	◌े	◌ं	ग	◌ु	इ	न	आ	श	ब
ल	फ	◌ा	ल	◌ु	न	म	ब	ए	य	भ	ए	क	य	ट	व
ञ	ञ	र	◌ा	र	ण	क	न	व	थ	ग	च	◌े	उ	व	ल
द	र	◌ै	◌ु	त	म	ब	क	◌ु	फ	ब	ब	◌ू	त	छ	ख
ल	◌ा	◌ौ	ग	◌ु	फ	◌ू	◌ि	भ	ष	द	त	ट	ठ	भ	ञ
इ	ज	ग	ब	◌ु	त	त	च	व	ग	◌्	ख	स	◌ा	र	स
ढ	ह	उ	आ	श	फ	र	त	च	ह	ब	य	उ	व	ऊ	छ
ञ	◌ं	म	◌ु	र	◌्	ग	◌ी	फ	द	र	स	ट	स	ञ	थ
ञ	स	ई	श	उ	भ	द	ह	ड	ल	भ	प	ठ	ऊ	च	ध
प	आ	ग	ए	च	ट	ऊ	फ	इ	य	न	ड	भ	ए	श	स
ट	प	ल	प	व	ध	ढ	प	ठ	ष	द	उ	य	म	ए	इ
ध	ब	उ	ब	ड	ह	ष	व	श	त	ट	म	ऊ	द	इ	उ

शुतुरमुर्ग
ईगल
सारस
हंस
कोयल
कौआ
राजहंस
मुर्गी
बगुला
मूर्ख मनुष्य

गौरैया
बाज़
अंडा
तोता
कबूतर
बतख
हवासील
पेंगुइन
चिकन
टूकेन

55 - Geografía

द	ञ	भ	अ	भ	त	ख	व	ब	इ	प	म	ऊ	ल	व	प
ु	आ	व	क	ू	ल	ध	फ	घ	ण	ह	फ	प	ठ	फ	द
न	म	ड	्	म	द	व	य	ई	च	ा	ं	ऊ	ऊ	ट	उ
ि	ठ	ब	ष	ध	ट	ब	ह	ह	म	ड	फ	भ	व	न	ए
य	ठ	ट	ा	्	स	प	त	य	म	़	ध	फ	ञ	ल	ख
ा	ड	न	ं	य	द	र	ए	ऊ	ध	र	्	ल	ा	ो	ग
ढ	थ	ञ	श	र	थ	श	र	द	्	ु	म	स	ब	ध	ष
द	इ	फ	त	े	फ	न	ह	ष	य	उ	त	्	त	र	ट
स	े	स	ढ	ख	ञ	ब	श	श	ा	्	क	न	ड	ग	ञ
घ	उ	श	ष	ा	ण	इ	त	े	ह	प	श	्	च	ि	म
र	म	ग	ा	य	ष	प	आ	द	्	द	्	व	ी	प	ल
ल	न	ग	ह	न	ि	घ	ह	आ	न	श	घ	व	ग	ष	छ
ए	न	र	ब	ह	्	म	ह	ा	द	्	व	ी	प	ठ	ल
छ	ट	द	घ	आ	क	त	थ	र	र	फ	भ	व	फ	छ	ह
स	न	ल	ी	आ	द	फ	र	त	्	ष	े	्	क	ड	ख
ढ	ध	र	स	ऊ	द	इ	ड	ण	उ	ञ	च	ठ	इ	ष	ड

ऊंचाई
एटलस
शहर
महाद्वीप
भूमध्य रेखा
गोलार्ध
द्वीप
अक्षांश
देशान्तर
नक्शा
समुद्र
मध्याह्न
पहाड़
दुनिया
उत्तर
पश्चिम
देश
नदी
दक्षिण
क्षेत्र

56 - Música

ए	ब	ख	ग	ल	स	र	◌ो	क	ष	ट	व	ट	छ	य	ञ
ण	इ	ञ	ण	◌ा	छ	◌ु	ल	उ	श	छ	ग	य	थ	न	र
आ	ठ	म	ञ	त	थ	स	स	व	ढ	य	ग	म	घ	स	प
प	ढ	प	न	य	ष	◌ा	ष	◌ं	छ	न	◌ा	म	ख	द	श
ढ	र	घ	य	ख	ट	फ	ग	ण	ग	त	न	म	म	◌्	र
छ	भ	न	श	ण	श	श	प	◌ी	छ	त	◌ा	र	छ	भ	त
ह	प	फ	ड	स	◌ु	ध	◌ा	र	त	ग	◌ी	◌ं	स	◌ा	त
म	स	◌ो	ख	ञ	थ	ड	द	ढ	क	स	भ	भ	स	व	र
व	उ	र	व	ट	क	म	त	◌्	य	◌ा	व	◌्	◌ा	क	ध
प	न	◌ो	ण	फ	छ	ऊ	व	थ	◌ा	ध	त	थ	त	ल	स
र	ि◌	क	◌ॉ	र	◌्	ड	ि◌	◌ं	ग	न	ग	ग	न	ड	◌्
म	त	◌्	श	म	म	ध	फ	म	य	ग	त	थ	◌ी	ल	व
द	ऊ	इ	इ	र	ट	इ	व	ध	ऊ	र	ि◌	ल	ड	◌ं	र
श	श	◌ा	स	◌्	त	◌्	र	◌ी	य	◌ा	ब	घ	इ	य	स
ध	ञ	म	ब	◌्	ल	ए	व	श	य	ग	स	ह	आ	भ	ण
छ	ञ	उ	भ	ऊ	न	थ	य	थ	ग	य	ओ	प	◌े	र	◌ा

सद्भाव
सुसंगत
एल्बम
गाथागीत
गायक
गाना
शास्त्रीय
कोरस
रिकॉर्डिंग
सुधार
साधन
राग
माइक्रोफोन
संगीत
संगीतकार
ओपेरा
काव्यात्मक
ताल
गति
स्वर

57 - Enfermedad

द	भ	उ	त	इ	ष	ष	ऊ	उ	ए	व	श	भ	स	स	च
ि	व	थ	ड	म	ह	ष	घ	फ	त	ट	ल	य	ड	स	च
ल	स	ं	उ	फ	ध	उ	ण	य	ऊ	घ	त	ह	ष	ा	ड
र	ं	द	श	र	च	प	ख	द	ष	म	छ	प	भ	त	क
ो	क	उ	य	ा	त	े	म	फ	न	स	ष	ब	श	्	ा
ग	्	ढ	उ	ञ	न	ट	आ	न	ु	व	ं	श	ि	क	ठ
ज	र	ी	र	श	ी	ु	ी	प	ञ	ढ	ग	म	उ	ि	क
न	ा	छ	व	ठ	र	फ	ग	प	ह	य	च	इ	ट	ि	ा
क	म	आ	्	भ	ा	ख	ड	त	र	ो	ज	म	क	च	इ
ो	क	ठ	ी	थ	ु	घ	इ	इ	ब	ो	ण	भ	उ	र	म
ं	त	य	त	द	प	ण	र	थ	ब	ठ	य	उ	ग	उ	ए
श	्	व	स	न	ऊ	ऊ	ड	ठ	ढ	त	ा	ु	थ	थ	ल
व	ए	त	न	य	थ	्	स	्	व	ा	्	स	्	ऊ	र
ह	ड	्	ड	ि	य	ो	ं	ू	घ	व	ल	द	ट	न	्
स	ि	ं	ड	्	र	ो	म	ए	ज	द	क	ख	ञ	म	ज
फ	द	ड	थ	ब	द	छ	ध	ए	उ	न	ड	ञ	ए	ऊ	ी

पेट
तीव्र
एलर्जी
कल्याण
संक्रामक
दिल
पुरानी
शरीर
कमजोर
आनुवंशिक
वंशानुगत
हड्डियों
सूजन
काठ का
न्युरोपटी
रोगजनकों
श्वसन
स्वास्थ्य
सिंड्रोम
चिकित्सा

58 - Actividades

र	च	ऊ	स	ग	ष	ऊ	ड	श	ड	ज	ण	र	ड	व	द
ी	त	न	ि	थ	ग	र	उ	घ	े	ा	श	घ	ट	ख	ट
क	ल	ा	ल	भ	च	ठ	प	थ	र	द	ऊ	य	ऊ	न	य
ा	श	र	ा	न	च	ए	ध	ष	ा	ू	श	ा	क	व	अ
र	ौ	क	ई	े	आ	न	ं	द	ड	इ	ग	ि	ध	घ	ह
त	क	र	त	ड	ब	ा	ण	ब	ा	य	व	फ	ल	ञ	ष
्	ढ	क	श	़	द	़	ल	ण	ल	ढ	न	द	ध	्	ण
ि	ख	ा	घ	क	ण	ढ	ल	घ	न	ब	ु	न	ा	ई	प
च	ड	ि	ण	प	ऊ	प	म	र	ा	श	्	ि	व	थ	य
ग	घ	श	न	ौ	व	ा	ग	ा	ब	च	ञ	ण	य	भ	ग
ण	ख	ख	े	ल	म	ट	ह	ञ	ढ	ट	थ	ठ	व	ड	ख
प	द	ल	थ	छ	ट	य	ध	ि	व	ि	ि	त	ग	उ	च
म	ह	ऊ	श	म	ढ	ध	इ	फ	त	उ	भ	ध	ह	छ	य
घ	न	े	उ	स	द	ड	ठ	ड	ठ	ो	ऊ	च	उ	घ	ख
ठ	भ	ए	ल	ए	फ	त	ड	ह	त	छ	ं	भ	र	ढ	य
ए	द	ण	फ	ौ	र	ा	ग	्	ट	ो	ो	फ	श	स	ष

गातोवोधे
कला
शिल्प
डेरा डालना
शिकार करना
सिलाई
फोटोग्राफी
कौशल
हितों
बागवानी

खेल
पढ़ना
जादू
अवकाश
मछली पकड़ने
चित्रकारी
आनंद
विश्राम
पहेली
बुनाई

59 - Verduras

न	म	ह	ञ	आ	ब	द	ब	ह	प	व	प	आ	च	ढ	ध
ल	य	ध	घ	ठ	◌्	ख	ष	म	ल	ह	स	◌ु	न	ब	त
ज	छ	ब	न	ए	र	ट	◌ा	म	ट	ब	र	आ	ल	◌ू	ण
त	◌ै	द	ध	य	◌ो	ब	भ	र	ट	म	ज	ल	श	ड	ख
ट	ब	त	आ	ढ	क	ह	प	◌ा	ल	क	ट	श	ष	अ	च
ब	◌ै	ह	◌ू	ह	◌ो	ग	ल	◌ी	क	द	◌्	द	◌ू	ज	भ
भ	◌ं	व	◌ा	न	ल	ख	ञ	ख	व	ऊ	र	ग	च	व	ढ
ठ	ग	ए	आ	थ	◌ी	ह	उ	ल	ह	उ	उ	फ	ञ	◌ा	य
फ	न	घ	ड	ष	◌ी	र	इ	◌ी	इ	द	◌ा	ल	स	इ	न
ष	प	ब	ऊ	ञ	न	च	ख	◌ू	ढ	य	◌ो	छ	ठ	न	ऊ
छ	त	ञ	ष	ढ	उ	भ	क	म	श	र	◌ू	म	ग	उ	ष
अ	द	र	क	ग	◌ा	ज	र	घ	प	◌्	य	◌ा	ज	छ	न
य	च	न	ट	च	थ	म	ब	ण	द	च	य	ऊ	आ	अ	श
म	थ	ट	म	उ	ग	ऊ	द	ठ	य	ड	छ	थ	स	द	ञ
ह	व	ष	फ	ञ	न	श	र	द	आ	ब	ढ	ह	उ	श	स
ड	ख	ष	घ	ख	ह	उ	ल	ख	उ	प	ए	ध	ख	प	भ

लहसुन
हाथी चक
अजवाइन
बैंगन
ब्रोकोली
कद्दू
प्याज
सलाद
पालक
मटर
अदरक
शलजम
जैतून
आलू
खीरा
अजमोद
मूली
मशरूम
टमाटर
गाजर

60 - Astronomía

आ	ण	ष	र	◌्	क	व	◌ा	त	◌्	र	◌ु	◌ु	ग	य	छ
भ	ख	ट	र	घ	ग	र	ब	ग	र	त	◌्	ष	◌्	क	न
उ	ग	श	त	ढ	ण	र	क	◌ि	◌ि	व	ष	व	र	म	भ
फ	◌ो	ठ	म	आ	ह	ग	द	◌ू	र	ब	◌ी	न	ह	क	छ
इ	ल	ध	उ	ब	र	ढ	◌ॅ	म	व	फ	ल	उ	घ	◌्	थ
ए	व	व	छ	प	◌्	ग	◌ा	ग	◌ं	श	◌ा	क	आ	ष	व
श	◌ि	ढ	ल	य	ग	र	च	फ	ल	◌ा	श	आ	ल	◌ु	ञ
स	ज	फ	उ	प	म	◌्	ह	ख	भ	क	◌ा	भ	श	द	ण
छ	◌्	प	ढ	व	न	ट	र	◌्	ष	आ	ध	व	थ	◌्	ट
ठ	ञ	व	उ	ल	◌्	क	◌ा	ह	म	छ	◌े	ड	फ	र	श
ञ	◌ा	◌ी	◌ि	ऊ	ल	◌े	प	ख	उ	◌ा	व	छ	य	ग	च
इ	न	थ	छ	ष	त	◌ॉ	फ	उ	म	च	◌ं	ग	ध	◌्	आ
म	◌ी	◌्	ग	इ	◌ु	र	स	◌ा	◌ं	स	इ	ड	फ	र	ञ
ढ	ब	◌ृ	म	ट	ट	व	◌ा	न	◌ो	र	प	◌ु	स	ह	फ
ह	ग	प	य	प	श	च	छ	श	आ	प	ग	ड	ए	ढ	र
ल	प	ढ	त	ठ	श	द	ट	ट	ट	च	ढ	य	घ	च	र

क्षुद्रग्रह
खगोल विज्ञानी
आकाश
रॉकेट
नक्षत्र
ब्रह्मांड
ग्रहण
विषुव
आकाशगंगा
गुरुत्वाकर्षण
चाँद
उल्का
वेधशाला
ग्रह
विकिरण
उपग्रह
सुपरनोवा
दूरबीन
पृथ्वी
संसार

61 - Tiempo

ड	फ	व	ड	ध	म	ञ	व	इ	च	घ	स	स	ण	क	ह
त	थ	भ	र	छ	आ	ह	त	◌ा	◌्	प	स	य	ष	◌ै	द
ढ	ढ	भ	ह	◌्	ज	ल	फ	ड	र	ऊ	उ	ख	ठ	ल	श
इ	भ	ध	प	य	ष	◌्	◌ि	व	भ	◌्	ब	ण	ब	◌े	क
आ	ट	छ	◌ो	ठ	व	आ	ए	ण	न	श	ष	न	उ	◌ं	ब
ध	न	◌ि	द	इ	स	स	◌े	प	ह	ल	◌े	◌ि	ड	ड	य
द	◌ि	ट	फ	उ	थ	ट	प	ह	ऊ	श	च	च	क	र	प
ड	म	घ	ह	म	ण	फ	ट	य	फ	श	ड	उ	ठ	आ	ठ
श	छ	ख	आ	ट	स	◌ु	ब	ह	ब	ल	ब	ह	ण	ठ	र
च	ठ	थ	उ	श	र	स	य	ध	ब	इ	ख	उ	ह	घ	ग
न	ए	ञ	छ	ञ	◌ा	ग	उ	ब	न	ह	थ	स	ऊ	थ	ए
◌ा	श	ञ	ब	थ	त	अ	य	त	ह	इ	आ	भ	त	ब	द
◌ी	द	स	य	स	ऊ	ब	क	ष	व	ख	ख	म	द	ड	भ
ह	◌़	ठ	ख	ण	स	श	ल	प	घ	इ	उ	ब	र	ड	इ
म	ञ	ड	भ	र	भ	ब	न	प	आ	ए	ह	ल	ध	ह	आ
र	आ	ब	घ	◌ं	ट	◌ा	छ	स	भ	ठ	इ	त	ए	म	थ

अब
इससे पहले
वार्षिक
वर्ष
कल
कैलेंडर
दशक
दिन
भविष्य
घंटा

आज
सुबह
दोपहर
महीना
मिनट
पल
रात
घड़ी
सप्ताह
सदी

62 - Paisajes

ख	घ	ए	त	फ	म	छ	झ	◌ी	ल	ष	ऊ	थ	प	ढ	स
ट	◌ा	न	र	झ	य	प	स	द	ष	ट	ञ	ड	◌्	स	म
ऊ	ट	त	आ	ध	प	छ	ए	न	ट	ग	ग	◌़	र	ल	◌ु
म	◌ी	श	ठ	र	स	ट	◌ु	◌ं	ड	◌्	र	◌ा	◌ा	प	द
ख	थ	आ	स	स	म	ञ	र	प	ट	म	त	ह	य	ञ	◌्
ग	श	त	ख	ख	◌ु	र	र	◌े	द	ष	म	प	द	द	र
प	ह	ढ	ढ	ऊ	द	छ	उ	ण	ग	ढ	म	ख	◌्	◌्	त
ग	ग	◌ु	फ	◌ा	◌्	ड	ख	◌ं	म	◌ि	ह	न	व	व	ट
म	◌्	ञ	ल	ठ	र	इ	ट	ग	ञ	ल	स	स	◌ी	◌ी	ट
भ	र	ल	श	म	◌ु	ह	◌ा	न	◌ा	◌ै	छ	◌्	प	प	थ
ञ	ऊ	◌ू	◌े	ख	◌ा	ड	◌़	◌ी	फ	ग	ष	ध	त	ल	प
ल	द	ल	द	श	य	ध	ध	प	ञ	◌ू	ग	इ	ह	◌ा	ढ
द	स	ष	ह	◌्	◌ि	भ	श	ठ	फ	न	ष	घ	र	ह	न
ध	ञ	फ	न	ल	य	य	ष	ञ	ब	र	ग	द	ध	व	घ
थ	ध	द	उ	म	ट	◌ा	र	छ	ग	ण	ड	आ	थ	ध	ढ
ध	ञ	ञ	च	ग	घ	ट	न	ध	द	र	ण	म	उ	त	ब

झरना
गुफा
रेगिस्तान
मुहाना
ग्लेशियर
खाड़ी
हिमखंड
द्वीप
झील
लैगून

समुद्र
पहाड़
मरूद्यान
दलदल
प्रायद्वीप
समुद्र तट
नदी
टुंड्रा
घाटी

63 - Días y Meses

ट	त	ध	भ	ए	इ	स	ज	फ	र	व	र	◌ी	फ	ण	द
भ	प	र	ब	त	◌ं	◌ि	स	◌ू	ऊ	ल	ब	ह	ऊ	क	च
व	ह	ब	ख	म	र	व	◌ा	◌ि	न	श	◌ं	त	ड	◌ै	फ
अ	ड	ट	आ	व	ल	श	न	ल	◌ा	उ	व	उ	ख	ल	श
ब	प	◌ू	ढ	भ	प	त	ध	आ	◌ी	ह	न	ऊ	ए	◌े	य
य	प	◌्	◌ी	ठ	छ	ल	घ	छ	ह	ख	ध	च	ए	◌ं	द
इ	श	क	र	व	◌ा	म	◌ो	स	म	आ	र	ब	न	ड	फ
ट	व	अ	व	◌ै	स	ब	म	◌ं	ग	ल	व	◌ा	र	र	ठ
त	श	छ	न	ई	ल	◌ा	◌ु	ज	उ	ब	◌ा	श	स	व	द
अ	र	ढ	ज	उ	ल	ब	◌ु	ध	व	◌ा	र	उ	ट	◌ा	ए
त	ग	प	र	व	◌ि	व	◌ा	र	ट	च	क	प	व	र	फ
ध	ड	स	ष	ग	ख	ढ	प	ऊ	स	ठ	◌्	ष	थ	◌ू	ब
भ	व	ष	◌्	स	प	◌्	त	◌ा	ह	ड	◌ु	ऊ	ड	◌ु	छ
उ	ष	ठ	र	त	ऊ	र	थ	र	ट	ह	श	ऊ	ण	ग	य
ड	भ	ब	व	न	ट	इ	त	उ	ट	फ	द	ण	ञ	ट	न
ब	घ	म	च	प	ड	ए	श	भ	न	र	ठ	ह	ख	व	छ

अप्रैल
अगस्त
वर्ष
कैलेंडर
रविवार
जनवरी
फरवरी
गुरूवार
जुलाई
जून

सोमवार
मंगलवार
महीना
बुधवार
नवंबर
अक्टूबर
शनिवार
सप्ताह
सितंबर
शुक्रवार

64 - Biología

प	ह	ख	ल	ऊ	ग	ग	व	ए	श	म	थ	ष	न	च	ढ
ग	ु	ण	स	ू	त	्	र	ि	व	इ	थ	ल	े	स	ञ
श	भ	ड	ष	ब	फ	प	ड	थ	क	ज	ठ	स	ड	स	श
ध	्	ल	ठ	ठ	र	ग	घ	त	ध	ा	थ	ऊ	त	ि	र
भ	र	ग	ष	य	इ	ए	त	ण	आ	ं	स	घ	ञ	म	ी
ऊ	ू	त	ड	य	ट	ञ	अ	य	ह	ए	ट	म	थ	्	र
थ	ण	उ	ब	ग	आ	न	स	क	ो	ल	े	ज	न	ब	र
प	्	र	ो	ट	ी	न	म	क	ण	ग	ण	ध	य	ा	च
न	्	य	ू	र	ॉ	न	स	त	ध	ए	ब	घ	ञ	य	न
म	ख	ऊ	ौ	घ	थ	द	च	ि	न	थ	भ	ग	आ	ो	ा
ो	ह	व	उ	प	प	ढ	ष	क	ए	ध	ग	थ	स	स	ट
र	भ	ञ	फ	व	ा	ठ	फ	ृ	ऊ	ल	ए	ख	ञ	ि	ए
्	आ	ब	प	प	स	न	ब	र	आ	ल	आ	आ	च	स	ऊ
ा	व	ष	ष	श	ग	प	त	ा	भ	ध	भ	ढ	ग	ए	ए
ह	ल	श	ट	ठ	ब	ै	क	्	ट	ी	र	ि	य	ा	घ
इ	व	ध	ण	ष	ध	े	ौ	प	स	ृ	ी	र	स	ड	प

शरीर रचना
बैक्टीरिया
सेल
कोलेजन
गुणसूत्र
भ्रूण
एंजाइम
विकास
हार्मोन
स्तनपायी
प्राकृतिक
नस
न्यूरॉन
असमस
पौधे
प्रोटीन
सरीसृप
सिम्बायोसिस

65 - Jardinería

घ	ष	ए	य	प	ण	ढ	व	ढ	व	प	आ	ट	फ	ह	ण
ए	ए	ड	ए	ु	न	ब	त	र	ि	त	च	स	ल	र	ध
ध	ध	ट	ख	ष	ा	ढ	ऊ	ह	द	्	व	प	ो	ह	ध
ख	ह	र	ा	्	ल	व	द	त	े	त	र	ब	द	ड	छ
न	ल	ी	द	प	ि	ख	ल	च	श	े	च	ख	्	फ	ड
ध	य	र	ऊ	ठ	ख	न	ए	ज	ौ	इ	च	ए	य	उ	स
व	ा	न	स	्	प	त	ि	क	घ	ख	ग	ड	ा	ध	ह
ए	ं	ट	ग	म	स	ख	न	ख	ा	द	्	य	न	य	ऊ
य	त	े	ख	थ	ौ	इ	ड	म	च	उ	ठ	ग	घ	स	उ
ब	ि	ं	घ	आ	ल	स	र	न	ी	ा	प	ु	ढ	य	ल
आ	ज	क	छ	ठ	न	इ	म	ग	ख	ञ	श	ल	थ	ट	च
ण	ा	ध	प	त	्	त	ा	ी	ब	ी	ज	द	ष	र	ह
छ	र	ट	च	ह	ग	ल	ठ	द	भ	ल	ष	स	द	ट	द
प	्	ष	प	म	म	ण	ह	ं	ह	च	न	्	न	र	थ
भ	प	ह	फ	ठ	आ	ष	इ	ग	त	ण	ठ	त	य	घ	ल
य	ह	त	ग	ए	ऊ	इ	घ	ह	फ	ठ	द	ा	घ	ञ	आ

पानी
वानस्पतिक
जलवायु
खाद्य
खाद
कंटेनर
प्रजातियां
मौसमी
विदेशी
खिलना
पुष्प
पत्ते
पत्ता
फलोद्यान
नमी
नली
गुलदस्ता
बीज
गंदगी

66 - Chocolate

उ	ग	म	इ	ह	ट	प	म	ख	ऊ	ट	ग	र	ञ	ए	ए
च	ण	◌ि	स	ख	ए	घ	इ	स	◌ु	ग	◌ं	ध	म	ड	आ
ए	इ	ठ	ढ	र	च	र	ट	◌ी	◌ु	क	क	ठ	फ	व	उ
◌ं	च	◌ा	ल	ब	त	ड	ध	क	ऊ	फ	◌ा	व	◌ि	ध	◌ि
ट	म	ई	प	घ	ण	उ	ल	ख	ह	ण	क	ञ	द	द	ए
◌ी	व	ड	ट	ण	ख	◌ा	थ	व	घ	स	◌ा	न	त	फ	य
ऑ	च	ट	श	ए	ण	प	ख	थ	ड	भ	ध	ल	ह	घ	ब
क	ए	र	◌ी	ड	ठ	र	ष	प	ढ	ग	आ	ऊ	य	ग	ड
◌्	ग	ध	द	र	◌ी	ल	◌ा	◌ै	क	ग	थ	व	श	म	य
स	ए	ड	◌े	ढ	ञ	य	द	आ	प	◌ु	ध	ञ	ए	ष	ल
◌ी	ऊ	ञ	◌ि	ऊ	य	र	◌ि	◌्	प	ण	क	◌ै	◌ं	ड	◌ी
ड	स	◌्	व	◌ा	द	◌ि	ष	◌्	ट	व	ए	उ	ण	त	फ
◌े	म	ल	ष	च	व	◌ा	◌़	ड	क	त	उ	ऊ	प	छ	ग
◌ं	ण	ध	उ	ल	◌ा	न	◌ी	◌ी	च	◌्	ध	न	फ	ध	◌ं
ट	ञ	ग	द	थ	◌्	स	ड	ग	ह	त	त	स	ल	ख	◌ू
त	र	ध	य	ध	स	ग	त	व	ढ	◌ा	इ	छ	स	आ	म

कड़वा
एंटीऑक्सीडेंट
सुगंध
कुटीर
चीनी
मूंगफली
कोको
गुणवत्ता
कैलोरी
कैंडी
नारियल
स्वादिष्ट
मिठाई
विदेशी
प्रिय
स्वाद
घटक
पाउडर
विधि

67 - Barbacoas

द	उ	ख	य	ध	च	फ	ञ	ब	व	भ	ए	ऊ	ड	ञ	त
◌ो	ग	स	◌े	ऊ	च	र	◌्	◌ि	म	प	◌ू	म	ड	म	इ
प	◌्	ब	इ	ल	◌ि	श	ब	म	र	◌्	आ	ख	त	ष	ढ
ह	र	◌्	य	ण	क	न	ठ	ए	ग	य	ट	म	◌ा	ट	र
र	◌ि	ज	उ	म	न	◌ा	म	ल	ण	◌ा	ल	स	ञ	घ	आ
क	ल	◌ि	ब	ष	ब	ख	थ	क	व	ज	व	द	उ	स	र
◌ा	ञ	य	ए	व	द	◌ा	ल	स	उ	ल	उ	ख	ण	व	ब
भ	ऊ	◌ा	फ	उ	न	क	ञ	च	ठ	ण	च	ण	ढ	ड	छ
◌ो	व	◌ं	न	आ	ग	◌ा	प	द	ऊ	च	च	◌ा	क	◌ू	ब
ज	थ	ष	आ	थ	ग	त	ग	◌ी	◌ं	स	स	फ	ग	त	च
न	ग	र	◌्	म	◌ी	◌ा	ष	ठ	ए	श	स	ए	त	च	◌्
थ	भ	व	न	उ	न	र	ख	ठ	द	घ	ब	ञ	द	फ	च
उ	व	◌ा	च	ध	ट	न	त	फ	ल	घ	ध	ट	ऊ	फ	◌े
ट	ण	◌ि	न	त	च	ण	न	व	छ	ट	फ	ष	ख	उ	ष
ह	छ	र	ठ	व	व	ह	इ	त	छ	ट	स	आ	भ	ध	आ
व	ऊ	प	ए	ए	न	थ	ए	च	घ	ष	आ	य	फ	न	ग

दोपहर का भोजन
गरम
प्याज
रात का खाना
चाकू
सलाद
परिवार
फल
भूख
खेल
संगीत
बच्चे
ग्रिल
मिर्च
चिकन
नमक
चटनी
टमाटर
गर्मी
सब्जियां

68 - Ropa

ए	प	◌्	र	न	ग	◌ं	क	प	ग	ट	◌ो	क	उ	स	फ
ऊ	च	छ	◌ा	◌े	ल	उ	उ	◌ै	ए	◌ो	ग	ब	इ	फ	ल
ग	ल	र	ह	त	इ	ठ	न	◌ं	म	प	घ	ढ	फ	ख	ध
ध	ख	म	थ	◌ा	घ	इ	ञ	ट	छ	◌ी	प	ब	ञ	ठ	ह
द	न	ए	ण	◌्	द	आ	भ	◌ू	ष	ण	ज	◌ू	त	◌ा	फ
ण	स	ष	र	स	म	ल	फ	ण	ण	ज	◌ै	क	◌े	ट	छ
भ	ए	य	ण	द	श	ध	म	ख	त	ल	उ	ट	ण	र	उ
र	घ	द	न	म	ड	प	ग	प	त	ड	ञ	ल	इ	◌्	छ
श	म	ञ	इ	च	ए	ल	ञ	ह	ह	फ	ध	◌्	◌ा	क	न
द	य	ऊ	ख	उ	श	भ	व	द	ए	स	व	◌े	प	◌्	थ
ख	◌ु	छ	क	ण	त	ण	ण	य	ध	थ	ष	ब	◌ो	स	ब
ञ	ब	प	श	म	◌ा	ज	◌ा	◌ा	प	ए	स	ठ	श	ह	र
ट	ऊ	ढ	ट	ल	◌ी	थ	ऊ	व	न	श	◌ै	फ	◌ा	ए	श
भ	ल	ढ	थ	◌्	छ	ज	ढ	ए	ण	ण	◌ं	द	क	य	ए
ष	ण	ल	ञ	र	ट	व	◌े	◌्	स	ट	ड	स	ऊ	ञ	य
य	ए	द	प	आ	इ	◌ा	छ	उ	फ	ख	ल	उ	ड	छ	ञ

कोट
ब्लाउज
दुपट्टा
कमीज
जैकेट
बेल्ट
हार
एप्रन
स्कर्ट
दस्ताने

आभूषण
फैशन
पैंट
पाजामा
कंगन
सैंडल
टोपी
स्वेटर
पोशाक
जूता

69 - Meditación

श	य	ख	उ	ल	ब	र	ञ	स	ल	ढ	घ	थ	आ	छ	ढ
थ	◌ा	न	थ	ध	आ	त	ल	◌्	प	◌्	र	क	◌ृ	त	◌ि
ए	ण	◌ं	थ	घ	घ	स	उ	व	ए	ख	ऊ	ड	ण	न	प
स	ह	स	त	ण	थ	थ	घ	◌ी	म	ह	छ	ल	म	घ	र
म	◌ं	ए	ग	श	द	स	उ	क	म	ञ	ब	स	घ	श	◌ि
स	ब	ग	म	म	म	ल	थ	◌ृ	ण	घ	न	ध	च	छ	प
ञ	न	ष	◌ी	ण	◌ौ	स	ब	त	अ	व	ल	◌ो	क	न	◌्
आ	आ	ञ	ह	त	न	ष	इ	◌ि	श	◌ा	◌ं	त	◌ि	स	र
फ	ए	ट	छ	म	◌ा	न	स	◌ि	क	ध	द	क	च	◌्	◌े
व	◌ि	च	◌ा	र	द	य	◌ा	व	ञ	◌्	ऊ	◌ृ	ह	प	क
द	य	◌ा	ल	◌ु	त	◌ा	न	प	ग	य	म	त	च	ष	◌्
ट	द	ग	व	ग	श	◌्	व	◌ा	स	◌ा	घ	ज	ण	◌्	ष
थ	द	छ	ऊ	त	ब	ट	ञ	व	च	न	प	◌्	ड	ट	◌्
आ	उ	फ	इ	◌ि	च	फ	प	श	ञ	ग	म	ञ	ब	त	य
छ	स	ग	य	ण	म	न	य	न	म	व	ञ	त	ख	◌ा	ए
ए	इ	न	छ	थ	ख	ग	ए	व	ए	◌ँ	न	◌ा	व	◌ा	भ

स्वीकृति
ध्यान
दयालुता
शांत
स्पष्टता
दया
भावनाएँ
कृतज्ञता
मानसिक
मन
गाते
संगीत
प्रकृति
अवलोकन
शांति
विचार
परिप्रेक्ष्य
आसन
श्वास
मौन

70 - Café

ह	ध	छ	व	द	ल	ग	स	त	ड	र	ध	ष	ण	ख	क
ब	म	प	ठ	ऊ	ब	ण	उ	द	इ	न	आ	र	भ	इ	प
◌ु	ष	स	◌े	ह	ए	ख	द	न	ध	अ	ह	र	ण	व	ध
स	ध	ल	इ	य	क	◌ै	फ	◌ी	न	म	◌ु	थ	ऊ	ई	श
◌ु	म	द	आ	ड	र	भ	त	◌ी	◌ी	◌्	न	◌ा	न	◌ा	छ
ग	ष	ब	ढ	ल	घ	य	न	च	◌ा	ल	◌ा	◌ा	क	ल	ए
◌ं	इ	ब	म	ग	द	ल	इ	आ	प	◌ी	◌ु	ढ	ढ	म	इ
ध	न	ण	क	ड	◌़	व	◌ा	घ	म	य	भ	व	घ	ह	श
ए	ढ	न	फ	आ	घ	ब	र	ञ	थ	थ	श	प	ठ	र	छ
इ	छ	थ	छ	र	आ	ए	ऊ	द	ब	आ	म	ए	ल	म	ह
क	◌ी	म	त	◌ा	ध	व	◌ि	◌ि	व	प	म	त	म	◌ू	म
ब	ए	स	र	त	त	इ	उ	ष	स	◌्	व	◌ा	द	ल	म
द	ट	प	आ	छ	आ	ढ	ए	ड	ल	श	उ	च	व	र	ड
प	◌ू	च	न	च	भ	श	ह	व	ट	फ	ठ	ए	ण	त	ष
उ	◌ी	ध	य	ध	थ	ल	न	न	र	न	स	द	आ	थ	छ
ड	ठ	स	ऊ	ह	न	घ	ह	ए	भ	भ	थ	प	न	न	ञ

पानी
कड़वा
सुगंध
भुना हुआ
चीनी
अम्लीय
पेय
कैफीन
मलाई
छानना
दूध
तरल
सुबह
पीस
काला
मूल
कीमत
स्वाद
कप
विविधता

71 - Libros

फ	द	ख	◌ु	द	ल	ऐ	ट	ए	प	थ	भ	न	द	ऊ	त
ष	◌्	थ	ह	ख	◌ा	◌ि	त	व	छ	छ	स	ह	ल	ड	ढ
त	व	म	ब	ह	ख	स	ख	◌ि	प	ड	ल	◌े	ख	क	प
घ	◌ं	थ	फ	ष	◌ं	फ	◌ा	◌ि	ह	य	म	श	र	य	त
छ	द	ढ	त	ब	◌ृ	भ	द	ह	त	◌ा	◌ि	व	क	◌ि	फ
इ	◌्	म	ल	आ	श	ट	ए	म	स	छ	स	ष	ए	त	च
ढ	व	थ	स	◌ं	ग	◌्	र	ह	प	◌ि	छ	◌ि	व	◌्	व
आ	व	◌ि	ष	◌्	क	◌ा	र	श	◌ी	ल	क	ड	क	ह	◌ि
क	प	◌ृ	ष	◌्	ठ	ध	र	र	ड	ञ	व	ण	ग	◌ि	न
च	ध	म	भ	आ	ध	फ	ध	ड	च	ण	थ	घ	◌ि	◌ा	◌ो
व	◌ि	स	र	◌्	ज	न	प	ध	ऊ	ण	ह	ञ	स	स	द
◌ा	ट	श	◌्	घ	स	य	◌ा	◌्	न	प	उ	ख	◌ं	त	◌ी
◌ा	इ	च	द	इ	ञ	ह	ठ	थ	◌ी	य	ढ	श	र	ख	उ
थ	न	य	◌ं	द	त	ट	क	र	◌ा	ठ	स	भ	◌ा	ञ	ठ
क	ञ	द	स	श	ड	प	फ	ल	ह	ठ	भ	र	◌्	आ	उ
छ	ग	ए	ध	ग	ल	ष	ढ	छ	क	ख	ड	ठ	प	ह	म

लेखक
साहसिक
संग्रह
संदर्भ
द्वंद्व
लिखित
कहानी
ऐतिहासिक
विनोदी
विसर्जन
आविष्कारशील
पाठक
साहित्यिक
कथावाचक
उपन्यास
पृष्ठ
प्रासंगिक
कविता
शृंखला
दुखद

72 - Los Medios de Comunicación

प	ढ	ठ	ऊ	म	ब	ट	◌े	ल	◌ी	व	◌ि	ज	न	उ	न
श	त	◌ि	क	◌्	य	◌्	व	ऊ	ह	ठ	ञ	छ	द	घ	भ
◌ि	प	◌्	छ	ब	श	र	न	ढ	ल	ण	भ	घ	◌ृ	ड	त
क	ठ	स	र	त	◌्	प	र	च	◌ा	◌ा	म	स	ष	छ	स
◌्	ल	ट	ज	◌ि	◌ि	ड	ब	त	ग	ग	ठ	र	◌्	स	◌्
ष	त	घ	ट	ढ	क	ट	त	◌ौ	छ	य	ठ	श	ट	◌ा	व
◌ा	स	ए	ग	आ	द	◌ा	स	इ	द	◌ो	ए	ग	◌ि	र	◌ी
न	◌े	ट	व	र	◌्	क	ओ	न	च	◌्	भ	ठ	क	◌्	र
इ	ख	ध	र	च	त	य	छ	◌ं	श	द	ध	घ	◌ो	व	◌े
◌ा	ह	ह	ब	◌ा	थ	◌ि	ठ	ड	म	उ	भ	◌ि	ण	ज	◌ं
ल	ऊ	त	भ	◌ं	◌्	ज	र	ट	उ	श	म	द	क	न	ठ
न	ण	न	ढ	स	य	◌्	स	◌्	थ	◌ा	न	◌ी	य	◌ि	ल
ऑ	ञ	ब	त	ण	आ	ण	श	र	य	ल	ब	ठ	इ	क	फ
ट	भ	र	त	थ	ट	◌ि	र	उ	उ	ढ	ध	घ	ए	द	ख
आ	ए	च	प	न	उ	◌ा	ढ	◌ा	स	◌ं	स	◌्	क	र	ण
फ	व	ख	ध	द	ए	व	स	ह	य	◌ो	ड	◌ि	◌े	र	घ

दृष्टिकोण
वाणिज्यिक
संचार
डिजिटल
संस्करण
शिक्षा
ऑनलाइन
तस्वीरें
तथ्य
व्यक्ति
उद्योग
बौद्धिक
स्थानीय
राय
समाचार पत्र
सार्वजनिक
रेडियो
नेटवर्क
पत्रिकाओं
टेलीविजन

73 - Nutrición

ग	भ	◌ू	ख	य	च	स	भ	न	ड	श	र	य	ल	च	ष
ब	छ	ग	त	ठ	ण	◌्	ञ	ऊ	ठ	फ	र	ए	ट	र	ख
प	व	ब	ष	ख	च	व	◌ी	ए	त	ए	आ	ग	ब	ब	च
क	भ	श	म	ल	ज	◌ा	न	अ	य	य	च	ठ	भ	श	ध
थ	ड	ठ	ठ	इ	ख	द	ट	च	द	ट	द	व	स	ऊ	व
ए	ख	◌़	ण	द	फ	य	च	प	◌्	र	◌ा	ट	◌ी	न	व
ख	घ	म	व	ब	इ	व	न	ठ	◌ा	◌ी	◌ा	ष	ए	ए	फ
फ	उ	य	घ	◌ा	फ	प	च	आ	ख	ल	इ	ह	म	द	छ
भ	थ	ट	ष	छ	घ	य	व	ज	न	◌ो	ठ	स	आ	ब	उ
थ	च	स	क	◌ि	ण	◌्	व	न	◌ं	◌ै	ढ	प	र	ढ	न
प	◌ु	ष	◌्	ट	◌ि	क	र	प	◌े	क	फ	आ	र	ध	य
श	ह	ढ	न	व	ग	◌ु	ण	व	त	◌्	त	◌ा	र	श	ण
य	ल	श	ठ	इ	◌्	य	ट	ण	द	त	श	त	च	व	घ
प	◌ा	च	न	घ	ड	स	न	ल	आ	ल	व	ढ	य	ट	इ
स	◌्	व	◌ा	स	◌्	थ	◌्	य	त	ल	◌ि	त	◌ु	◌ं	स
व	◌ि	ट	◌ा	म	◌ि	न	थ	च	उ	थ	ष	य	थ	ल	ल

कड़वा
भूख
गुणवत्ता
कैलोरी
अनाज
खाद्य
आहार
पाचन
संतुलित
किण्वन
आदतें
पुष्टिकर
वजन
प्रोटीन
स्वाद
चटनी
स्वास्थ्य
स्वस्थ
विष
विटामिन

74 - Edificios

क	ि	ल	ा	ड	छ	श	न	म	य	ड	ि	ट	े	्	स
इ	न	ष	ड	थ	आ	ा	ख	आ	थ	स	र	म	ट	ल	स
भ	स	ग	ठ	ढ	स	फ	त	े	ख	ि	ट	े	ग	ड	ु
च	च	य	ल	ह	ा	र	ग	्	ं	स	ए	ं	ग	व	प
ह	ञ	ग	न	द	इ	भ	ए	त	र	म	व	ट	ष	ग	र
स	ि	न	े	म	ा	थ	न	ढ	ऊ	ा	द	र	र	ै	म
त	द	द	फ	छ	ढ	ए	ह	आ	उ	श	व	्	ह	र	ा
प	्	र	य	ो	ग	श	ा	ल	ा	ग	ल	ा	फ	े	र
अ	स	्	प	त	ा	ल	ि	क	द	ऊ	द	प	स	ज	्
म	ी	न	ा	र	ड	घ	ल	ू	त	ू	ब	अ	आ	छ	क
स	ढ	य	थ	ढ	उ	भ	ख	्	ठ	ण	त	ऊ	श	ब	े
ध	उ	उ	ख	ढ	ए	व	य	स	ब	र	ड	ा	ण	उ	ट
ब	ट	ह	ढ	त	फ	ब	ल	ा	श	ा	ध	े	व	ए	आ
फ	ै	क	्	ट	र	ी	ठ	थ	ल	द	ञ	ल	भ	ा	ठ
फ	आ	इ	उ	ख	च	ण	इ	ल	ह	ो	ट	ल	ध	छ	स
व	ि	श	्	व	व	ि	द	्	य	ा	ल	य	ल	ए	ब

छात्रावास
अपार्टमेंट
किला
सिनेमा
दूतावास
स्कूल
स्टेडियम
फैक्टरी
गैरेज
खलिहान
खेत
अस्पताल
होटल
प्रयोगशाला
संग्रहालय
वेधशाला
सुपरमार्केट
थिएटर
मीनार
विश्वविद्यालय

75 - Océano

श	ज	◌े	ल	◌ि	फ	◌़	◌ि	श	ऑ	च	ल	ड	आ	ष	ट
ग	◌ै	ऊ	ष	इ	इ	म	घ	ड	क	ल	ड	क	छ	◌ु	आ
ढ	इ	व	◌ा	न	द	न	घ	ष	◌्	फ	◌ॉ	ड	व	न	ग
स	द	य	◌ा	न	ड	ख	ड	स	ट	ग	ल	ह	◌े	◌्	व
त	म	ष	र	ल	ञ	उ	ब	फ	◌ो	ज	◌्	म	म	च	ल
भ	ढ	◌ु	न	म	क	ध	न	घ	प	◌्	फ	स	छ	ग	भ
न	च	भ	द	इ	व	त	य	ष	स	व	◌ि	भ	आ	ल	ष
ढ	च	फ	आ	◌्	आ	◌ं	ध	◌ी	भ	◌ा	न	ध	ख	ख	◌ी
इ	भ	उ	च	ख	र	श	ए	च	फ	र	◌ा	च	थ	ट	फ
फ	ध	ढ	झ	थ	छ	◌ी	न	प	स	ड	◌ू	ट	आ	ऊ	इ
ञ	ह	ज	◌ी	ढ	ऊ	च	श	त	ट	ध	ट	◌्	प	न	श
स	◌ी	प	◌ं	ग	ब	ञ	श	◌ै	श	ड	ण	ट	भ	ठ	ब
त	र	◌ं	ग	◌ा	◌ं	◌ू	म	द	व	आ	स	◌ा	ल	आ	ष
ण	श	◌्	◌ा	क	◌े	क	ड	◌़	◌ा	◌ा	ध	न	घ	त	म
ए	उ	स	ञ	ग	ह	आ	ल	न	प	ण	ल	ढ	छ	छ	ठ
ग	द	श	भ	श	◌ा	र	◌्	क	ध	ल	ए	य	ध	श	आ

शैवाल
समुद्री शैवाल
चट्टान
टूना
व्हेल
नाव
झींगा
केकड़ा
मूंगा
डॉल्फिन
स्पंज
ज्वार
जेलिफ़िश
सीप
मछली
ऑक्टोपस
नमक
शार्क
आंधी
कछुआ

76 - Ciudad

भ	भ	ह	ढ	इ	र	द	द	व	य	ग	ञ	छ	स	म	ऊ
प	◌ो	र	घ	य	◌ा	ड	◌़	◌ि	◌ि	च	ञ	प	◌ी	ऊ	भ
◌ु	स	ज	त	आ	न	उ	स	श	द	त	द	न	म	त	ष
स	◌ि	ष	न	ड	ड	ढ	◌्	◌्	◌ु	ब	ए	ञ	◌े	य	फ
◌्	न	प	ऊ	◌ा	ण	स	क	व	क	र	◌ा	स	र	ल	थ
त	◌े	म	ख	ड	ल	म	◌ू	व	◌ा	न	ख	ज	◌्	ह	◌ि
क	म	ब	ठ	◌्	◌ा	य	ल	◌ि	न	ग	◌ि	र	◌ा	◌ा	ए
◌ा	◌ा	ए	ट	अ	व	ड	ट	द	भ	◌ै	स	ल	फ	र	ट
ल	म	ञ	ब	ई	◌ा	◌ि	◌ो	◌्	थ	ल	ए	म	◌ि	ग	र
य	श	इ	◌ै	◌ा	ल	ट	ह	य	ण	र	ग	य	ढ	◌्	◌ी
य	ष	य	◌ं	व	◌ू	◌े	ण	◌ा	ध	◌ी	ञ	ठ	थ	◌ं	क
ञ	न	इ	क	ह	फ	◌्	ण	ल	र	ष	र	ण	च	स	◌े
ल	प	ट	उ	ऊ	व	स	घ	य	स	ग	त	म	त	म	ब
स	◌ु	प	र	म	◌ा	र	◌्	क	◌े	ट	ग	ढ	ण	ग	थ
इ	व	इ	ण	र	त	य	भ	ख	फ	ल	ष	ल	ड	ह	छ
फ	स	ध	थ	ख	इ	ह	ड	व	ए	फ	ठ	उ	ल	व	ग

हवाई अड्डा
बैंक
पुस्तकालय
सिनेमा
क्लिनिक
स्कूल
स्टेडियम
फार्मेसी
फूलवाला
गैलरी

होटल
बाजार
संग्रहालय
बेकरी
भोजनालय
सुपरमार्केट
थिएटर
दुकान
विश्वविद्यालय
चिड़ियाघर

77 - Agronomía

स	ञ	ल	क	ग	घ	ट	फ	ह	ण	ट	व	छ	र	ट	उ
फ	ञ	च	ट	◌ो	◌्	थ	◌ि	ल	र	ख	◌ि	ड	ष	इ	त
ञ	त	त	◌ा	◌ं	ठ	र	ष	क	उ	ऊ	ज	◌ी	ब	व	◌्
र	ध	ए	व	◌ो	च	क	◌ा	ए	◌ा	ठ	◌्	स	ग	◌ि	प
उ	र	◌्	व	र	क	◌ी	ग	म	थ	ऊ	ञ	ब	ण	क	◌ा
थ	ल	फ	ख	म	ञ	त	प	ध	◌ी	स	◌ा	◌्	ढ	◌ा	द
व	य	ल	त	ह	य	◌ि	ख	स	ए	ण	न	ज	र	स	न
ऊ	घ	घ	भ	ड	श	थ	च	व	स	ष	◌ी	◌ि	ड	न	ठ
ट	य	ह	ऊ	अ	ल	◌ि	न	इ	व	द	◌ा	य	इ	ण	व
ध	क	◌ृ	ष	◌ि	ध	स	थ	ण	थ	◌ू	प	◌ा	ठ	उ	द
प	ह	च	◌ा	न	◌े	◌्	छ	श	व	र	ष	◌ं	घ	व	प
ष	ट	ऊ	उ	म	◌ौ	र	य	ख	ह	◌्	ऊ	र	◌्	ज	◌ा
य	ल	व	भ	ब	प	◌ि	फ	य	न	प	न	ञ	ठ	ब	ल
ष	उ	ए	श	छ	प	◌ा	प	ड	न	इ	थ	ण	ह	फ	ख
आ	छ	थ	उ	श	य	प	क	◌ा	र	◌्	ब	न	◌ि	क	ट
ह	स	◌ि	स	◌्	ट	म	उ	इ	इ	ध	य	ड	ट	न	श

कृषि
पानी
विज्ञान
प्रदूषण
विकास
पारिस्थितिकी
ऊर्जा
रोगों
कटाव
अध्ययन
उर्वरक
पहचान
कार्बनिक
पौधे
उत्पादन
ग्रामीण
बीज
सिस्टम
टिकाऊ
सब्जियां

78 - Ingeniería

थ	र	ऊ	व	फ	न	ऊ	व	ख	श	स	उ	ढ	ष	छ	त
ए	भ	न	◌ी	श	म	ड	आ	र	ब	च	त	उ	छ	प	न
न	आ	ई	◌ा	र	ह	ग	घ	ब	श	छ	ष	ठ	ब	म	ह
न	च	ब	च	च	आ	थ	भ	ब	ब	श	स	व	भ	छ	ऊ
व	ख	छ	ए	ल	र	त	ए	श	ड	घ	ष	ठ	घ	ब	ल
य	ल	ञ	ह	ह	◌े	◌ं	स	च	ण	थ	श	घ	इ	न	श
व	◌ि	त	र	ण	ख	न	स	म	◌ो	ट	र	र	च	ऊ	त
ह	र	भ	य	म	ह	च	ऊ	ल	क	श	ऊ	◌्	फ	ए	छ
य	ब	आ	छ	◌ा	य	आ	ध	ऊ	◌ी	म	श	ष	ड	द	ड
र	त	उ	ष	र	ल	फ	इ	र	ध	व	ल	ण	भ	न	उ
त	व	स	ड	◌्	च	स	आ	◌्	ञ	ष	र	घ	द	ठ	ध
भ	ए	ढ	ड	◌ि	स	इ	ल	ज	◌ी	ड	छ	ढ	स	च	ब
ह	ल	र	प	न	त	स	य	◌ा	◌्	व	थ	भ	न	फ	च
म	◌ा	प	थ	य	ट	क	प	◌्	र	ण	◌ो	द	न	ऊ	ञ
त	स	◌्	थ	◌ि	र	त	◌ा	न	ण	ग	अ	क	◌्	ष	इ
द	ह	य	श	द	ठ	स	प	त	ढ	व	ञ	ह	ध	भ	व

कोण
गणना
निर्माण
आरेख
व्यास
डीजल
वितरण
अक्ष
ऊर्जा
स्थिरता
संरचना
घर्षण
ताकत
तरल
मशीन
माप
मोटर
लीवर
गहराई
प्रणोदन

79 - Comida #1

ण	व	स	स	ए	भ	घ	म	ठ	इ	ल	च	य	थ	स	द
ए	ए	ट	द	च	ढ	फ	फ	य	श	घ	ह	र	श	◌ं	ब
प	च	त	ट	य	ह	न	ए	च	न	◌ी	च	◌ी	ल	◌ा	द
◌ु	न	च	ष	ज	◌ौ	ढ	र	न	◌ा	र	ञ	क	ज	म	ष
द	म	ह	श	य	घ	ण	न	आ	◌ू	स	भ	ल	म	ऊ	इ
◌ी	द	◌ू	ध	◌ा	ल	ब	म	श	ट	व	च	◌ा	इ	न	भ
न	स	आ	ढ	◌्	ठ	ठ	ल	ठ	इ	फ	इ	प	उ	व	ष
◌ा	आ	◌्	ब	प	प	आ	ह	ढ	त	ट	ल	ट	इ	त	ख
च	द	ख	ट	घ	ग	ख	स	◌ी	ल	◌ु	त	ऊ	थ	र	ब
ऊ	◌ी	श	आ	◌्	श	थ	◌ु	छ	इ	स	◌ी	च	व	ब	द
व	श	न	न	भ	र	ठ	न	ढ	म	ण	प	व	प	ड	फ
ल	श	य	◌ी	ग	ज	◌ॉ	स	ड	उ	भ	◌ा	ए	च	ढ	ड
ण	च	ष	आ	आ	◌ा	द	ब	व	आ	ह	श	स	◌ू	प	ए
ख	ड	आ	ल	फ	ग	श	आ	◌े	प	छ	◌ा	आ	न	त	र
ह	ग	स	ग	ड	श	इ	आ	भ	र	इ	न	ध	त	ढ	ठ
न	◌ी	◌ं	ब	◌ू	स	ल	◌ा	द	स	◌ी	र	ह	म	द	त

लहसुन
तुलसी
टूना
चीनी
दालचीनी
मांस
जौ
प्याज
सलाद
पालक
स्ट्रॉबेरी
रस
दूध
नींबू
पुदीना
शलजम
नाशपाती
नमक
सूप
गाजर

80 - Antigüedades

स	छ	ठ	ड	व	ग	द	ए	न	ख	र	ह	ठ	स	व	थ
आ	भ	ू	ष	ण	ि	ु	र	व	छ	आ	ए	ण	ज	ए	ड
स	त	द	ऊ	ग	प	श	ण	स	म	भ	ण	भ	ा	ल	क
अ	र	ढ	थ	ब	ु	ऊ	्	व	घ	त	ट	ल	व	प	ट
फ	स	ख	म	छ	र	फ	उ	व	त	म	ी	क	ट	भ	त
ग	उ	ा	न	ऊ	ा	र	ग	प	स	्	श	ल	ी	द	स
ब	म	ऊ	म	स	न	क	य	उ	इ	न	त	ख	ग	स	म
ड	आ	फ	ढ	ा	ा	े	आ	फ	घ	ल	ी	ा	ह	ब	ू
ध	श	व	े	ि	न	क	ग	ै	ल	र	ी	य	आ	न	र
न	ी	ल	ा	म	ी	्	फ	र	्	न	ी	च	र	ह	्
द	श	क	ो	ं	ख	ि	य	ल	्	ू	म	ए	ख	ष	त
ष	ध	ऊ	इ	ष	ब	स	फ	ब	घ	भ	थ	य	ढ	र	ि
स	ु	र	ु	च	ि	प	ू	र	्	ण	उ	फ	ञ	फ	क
त	इ	छ	ख	व	ढ	प	ट	ए	ण	ड	स	त	श	द	ल
थ	स	ढ	ष	ष	च	ल	ह	ड	उ	घ	इ	र	ल	ए	ा
ठ	ढ	फ	ठ	थ	श	ै	ल	ी	ष	ट	ट	ग	श	ट	ख

कला
विश्वसनीय
गुणवत्ता
सजावटी
दशकों
सुरुचिपूर्ण
मूर्तिकला
शैली
गैलरी
असामान्य
निवेश
आभूषण
सिक्के
फर्नीचर
कीमत
बहाली
सदी
नीलामी
मूल्य
पुराना

81 - Literatura

र	ऊ	व	म	ण	ष	ल	े	श	्	ि	व	र	ठ	ध	प
आ	ू	ठ	इ	र	आ	े	ा	थ	क	ण	ट	ढ	त	न	ध
फ	उ	प	प	व	च	ख	व	त	स	ं	व	ा	द	ऊ	म
च	य	भ	क	ि	स	क	न	ि	ष	्	क	र	्	ष	ख
भ	ह	र	ु	व	ण	म	प	फ	ध	ढ	घ	उ	थ	ष	आ
ख	थ	ट	त	ण	उ	त	घ	म	ए	व	ल	श	त	व	ड
ठ	ध	ग	थ	ब	म	्	त	ु	ल	न	ा	ै	इ	र	व
ड	छ	ञ	ए	व	स	य	ा	्	न	प	उ	ल	ए	फ	च
घ	घ	ढ	क	च	व	ा	ा	थ	क	ढ	ढ	ी	व	ऊ	क
ब	स	ञ	प	ह	उ	व	स	त	्	र	ा	स	द	ी	व
श	ड	उ	च	उ	ञ	्	ढ	्	ऊ	च	आ	व	ख	य	ि
ष	ठ	ण	ण	ण	प	ा	श	भ	ि	प	ल	ख	द	च	त
त	त	य	भ	ट	ट	क	आ	श	ण	क	ट	म	इ	श	ा
ऊ	ए	ट	आ	न	ह	र	च	श	ध	इ	थ	ल	ग	ल	ए
व	ि	ष	य	ञ	ए	म	ष	ख	ए	स	म	ा	न	त	ा
आ	ह	छ	ट	ज	ी	व	न	ी	ण	घ	त	ऊ	फ	द	ध

समानता
विश्लेषण
किस्सा
लेखक
जीवनी
तुलना
निष्कर्ष
विवरण
संवाद
शैली

कथा
रूपक
कथावाचक
उपन्यास
कविता
काव्यात्मक
तुक
ताल
विषय
त्रासदी

82 - Química

प	प	य	ट	ष	ढ	त	क	ट	उ	र	ह	ए	थ	ध	न
द	◌्	ड	त	स	ऊ	र	य	◌्	द	आ	ठ	ट	ए	◌ा	◌ा
न	ब	र	◌्	◌ा	क	ल	त	श	ल	ढ	य	इ	स	त	भ
ऊ	य	ए	त	छ	ञ	ड	ह	आ	घ	◌ो	थ	न	◌ि	◌ु	◌ि
ष	व	उ	च	◌ि	अ	ण	◌ु	आ	ब	ण	र	व	ड	ओ	क
ड	ट	त	त	न	क	श	फ	घ	आ	ग	र	◌ी	ण	◌ं	◌ी
म	◌ी	◌्	र	ग	म	◌्	य	ट	न	ध	ग	ण	न	आ	य
ए	ण	प	न	प	न	ज	र	◌ो	ड	◌्	इ	◌ा	ह	म	र
◌ं	त	◌्	व	ज	न	य	◌ी	◌ि	ऑ	क	◌्	स	◌ी	ज	न
ज	◌ा	र	प	म	स	न	ष	म	य	आ	उ	ण	ग	व	न
◌ा	प	◌े	ए	ग	फ	ख	◌ा	ढ	घ	◌ा	व	भ	ऊ	ऊ	ण
इ	म	र	इ	ल	◌े	क	◌्	ट	◌्	र	◌ॉ	न	ट	आ	भ
म	◌ा	क	उ	ट	ढ	भ	क	च	य	ण	ऊ	थ	स	ऊ	इ
प	न	फ	ग	ट	प	ष	न	ग	र	ञ	ल	र	र	य	ट
ब	न	ख	फ	ऊ	त	य	ह	म	ध	ञ	ण	स	ख	ऊ	ड
ए	द	ऊ	ब	ग	◌ै	स	ब	ण	स	फ	त	ध	आ	ढ	ष

क्षारीय
एसिड
गर्मी
कार्बन
उत्प्रेरक
क्लोरीन
इलेक्ट्रॉन
एंजाइम
गैस
हाइड्रोजन
आयन
तरल
धातुओं
अणु
नाभिकीय
ऑक्सीजन
वजन
प्रतिक्रिया
नमक
तापमान

83 - Gobierno

ट	प	घ	न	फ	द	न	त	म	द	उ	ञ	ऊ	ज	ञ	घ
न	ण	श	्	व	श	व	ख	ग	ख	र	ठ	भ	ि	ब	द
े	ल	ष	य	र	ी	ट	्	ष	्	ा	र	ट	ल	ञ	द
त	ष	च	ा	्	र	च	स	्	म	ा	र	क	ा	इ	व
ा	र	ह	य	भ	आ	ष	ञ	र	म	म	ड	ब	ठ	स	ष
प	ा	ब	ध	ण	ब	द	भ	र	ा	ज	्	य	र	आ	स
र	ष	द	त	व	ञ	त	ष	म	ञ	ऊ	ट	ठ	छ	च	फ
व	्	ल	भ	ल	थ	न	ा	ग	र	ि	क	त	ा	आ	ऊ
म	ट	ल	त	ड	त	व	ध	द	द	ग	ऊ	द	ख	ज	ठ
छ	्	च	ऊ	स	न	्	य	ा	य	ि	क	व	प	ा	म
स	र	च	प	ि	ल	ठ	इ	ख	व	ब	व	ठ	्	द	न
य	म	श	ञ	व	क	ा	न	ू	न	ि	ञ	उ	र	ी	उ
थ	ट	ा	त	ि	न	ी	ज	ा	र	ञ	ं	ऊ	त	ऊ	ञ
न	ण	ञ	न	ल	ग	ण	छ	ह	घ	श	ड	स	ी	ध	ह
ए	द	ष	र	त	्	त	ं	क	ो	ल	य	द	क	आ	ढ
ऊ	ल	ट	ध	स	ा	स	्	व	त	ं	त	्	र	त	ा

नागरिकता
सिविल
संविधान
लोकतंत्र
भाषण
चर्चा
जिला
राज्य
समानता
आजादी
न्यायिक
न्याय
कानून
स्वतंत्रता
नेता
स्मारक
राष्ट्रीय
राष्ट्र
राजनीति
प्रतीक

84 - Creatividad

ण	◌ा	र	र	◌े	◌्	प	ञ	ढ	म	ध	ठ	उ	आ	त	ए
ध	ख	स	भ	ख	ढ	◌्	क	त	ट	द	उ	ट	व	ऊ	थ
घ	थ	ह	प	न	ग	र	ऊ	ल	प	त	व	ऊ	ग	ष	घ
च	भ	ज	आ	च	फ	◌ा	स	र	◌ा	त	ल	र	त	र	घ
द	य	ब	ग	प	ज	म	त	◌्	छ	त	क	◌ौ	श	ल	द
र	ल	◌ो	त	ठ	ह	◌ा	ण	उ	प	ब	◌्	व	भ	प	उ
ढ	इ	ध	ढ	ञ	स	ण	घ	र	छ	ष	व	म	आ	य	च
द	र	◌्	श	न	न	◌ि	व	छ	इ	म	◌्	ड	क	ड	थ
ध	प	ख	थ	ञ	स	क	ल	ब	भ	ठ	त	ट	ध	च	त
प	र	ग	च	द	न	त	◌ा	र	व	◌्	◌ी	त	त	ऊ	ख
ह	ठ	इ	च	फ	◌ी	◌ा	भ	◌ा	व	न	◌ा	ए	◌ँ	◌ा	ट
अ	भ	◌ि	व	◌्	य	क	◌्	त	◌ि	छ	ड	ए	ब	ष	उ
ढ	ज	◌ी	व	न	श	क	◌्	त	◌ि	न	◌ा	ट	क	◌ी	य
आ	व	◌ि	ष	◌्	क	◌ा	र	श	◌ी	ल	भ	य	इ	श	ब
व	◌ि	च	◌ा	र	◌ो	◌ं	उ	छ	न	भ	ध	ण	त	ल	ग
च	न	न	ख	ष	ल	इ	प	च	इ	क	ल	◌्	प	न	◌ा

कलात्मक
प्रामाणिकता
स्पष्टता
नाटकीय
भावनाएँ
सहज
अभिव्यक्ति
तरलता
कौशल
विचारों

छांवे
कल्पना
छाप
प्रेरणा
तीव्रता
सहज बोध
आविष्कारशील
सनसनी
दर्शन
जीवन शक्ति

85 - Filantropía

स	ग	स	त	च	छ	व	व	म	इ	ब	थ	ट	ट	न	म
म	क	र	◌्	प	◌ं	स	ए	◌ि	त	त	◌्	◌ि	व	र	◌ा
◌ु	त	◌ा	र	◌ा	द	उ	ए	श	◌ि	इ	ऊ	व	ध	श	न
द	ब	ग	र	च	ध	थ	य	न	ह	◌ू	म	स	भ	न	व
◌ा	त	च	ड	◌्	इ	ए	◌ु	श	◌ा	फ	श	प	थ	◌ा	त
य	व	व	◌्	श	य	फ	व	च	स	भ	थ	ट	ह	द	◌ा
ग	उ	आ	ष	च	छ	क	◌ा	द	◌ा	न	क	र	न	◌ा	थ
य	च	ठ	फ	थ	◌े	म	◌्	व	ए	ण	न	◌ी	न	ट	य
व	◌ै	श	◌्	व	◌ि	क	ड	र	र	ट	ऊ	द	ऊ	ट	ठ
स	◌ा	र	◌्	व	ज	न	◌ि	क	म	व	आ	◌ा	ध	उ	च
ख	इ	इ	व	र	न	ट	इ	ण	द	◌ो	व	न	उ	ण	ब
ढ	ञ	र	ह	प	त	द	द	ल	य	उ	◌ं	◌ा	ल	ण	ढ
छ	फ	घ	भ	र	र	ट	ख	आ	प	घ	ढ	म	◌ो	ग	थ
आ	आ	आ	व	फ	र	ब	स	ठ	ए	व	ष	ई	ग	स	ष
ल	क	◌्	ष	◌्	य	ए	द	ट	प	प	फ	ठ	ध	ऊ	उ
ए	फ	ख	ग	त	आ	ट	ए	श	ड	थ	थ	आ	श	ड	आ

दान
समुदाय
संपर्क
दान करना
वित्त
धन
उदारता
लोग
वैश्विक
समूह
इतिहास
ईमानदारी
मानवता
युवा
लक्ष्य
मिशन
बच्चे
कार्यक्रमों
सार्वजनिक

86 - Clima

उ	ग	ट	म	क	आ	इ	य	ञ	इ	फ	थ	इ	य	य	ब
ब	ञ	इ	फ	ड	◌ो	र	व	आ	ब	र	ड	◌ं	व	ब	र
य	ब	भ	ञ	ल	य	ह	◌ी	छ	◌ि	भ	ल	द	उ	ल	◌्
ञ	ढ	ण	ल	य	ध	छ	र	ढ	ज	र	ग	◌्	ब	ञ	फ
उ	व	ष	श	◌ु	◌ी	ए	◌ु	◌ा	ल	ष	ध	र	ष	ण	ध
ड	ए	ल	द	◌ा	ब	भ	◌्	ध	◌ी	◌ं	आ	ध	ठ	ए	भ
ह	ड	ड	य	व	◌ं	थ	ध	ग	न	स	◌ू	न	◌ा	म	ध
ठ	ण	म	द	ल	ट	त	म	द	आ	च	ढ	◌ु	व	न	व
श	ल	◌ं	फ	ज	◌ि	य	व	घ	ब	ष	उ	ष	ह	न	छ
ट	स	य	म	थ	क	श	व	घ	न	त	ग	ष	ख	ठ	ठ
म	च	◌ु	ढ	च	ण	त	स	◌ू	ख	◌ा	ब	◌ा	ढ	◌़	ब
ब	र	◌ा	थ	त	◌्	फ	◌ा	आ	म	द	उ	उ	स	स	र
ण	इ	व	फ	ड	ष	न	प	प	र	द	य	छ	ल	त	आ
उ	उ	ह	ण	आ	उ	घ	ब	न	म	आ	क	◌ा	श	ष	च
य	ढ	उ	म	व	ह	ड	द	य	प	◌ा	फ	इ	र	ट	र
त	म	ध	ऊ	व	उ	उ	ग	ञ	थ	ह	न	फ	◌ा	◌ू	त

इंद्रधनुष
वायुमंडल
शांत
आकाश
जलवायु
बर्फ
तूफान
बाढ़
मानसून
कोहरा
बादल
ध्रुवीय
बिजली
सूखा
तापमान
आंधी
बवंडर
उष्णकटिबंधीय
गरज
हवा

87 - Comida #2

भ	च	इ	श	फ	च	ब	र	ग	ढ	श	स	आ	ध	द	प
फ	◌ॉ	ल	छ	ण	◌ि	◌ा	र	द	र	◌ो	◌े	च	ह	श	ह
च	क	य	प	ड	क	द	ह	न	आ	ह	ब	अ	द	र	क
त	ल	प	भ	न	न	◌ा	छ	ड	इ	द	घ	ह	ध	र	च
ऊ	◌े	थ	ग	म	घ	म	द	ग	ल	◌ा	◌े	क	छ	प	थ
द	ट	घ	ढ	ष	त	न	द	घ	ध	फ	व	म	ऊ	ख	◌ो
ढ	◌ी	छ	फ	स	◌ू	र	ज	म	◌ु	ख	◌ी	ज	ञ	भ	◌ा
ठ	◌ो	ध	न	उ	ढ	श	आ	न	ढ	ह	◌ी	च	अ	व	ह
इ	र	उ	य	ए	ष	ग	ष	य	आ	ण	क	◌ा	ञ	ए	म
ष	ऊ	ड	भ	न	ब	ग	◌े	ह	◌ू	◌ॅ	च	व	फ	उ	ठ
ट	म	◌ा	ट	र	ब	◌ै	◌ं	ग	न	उ	ड	ल	श	ड	भ
ल	ट	◌ं	र	ग	◌ी	घ	आ	ऊ	ण	य	ठ	थ	ग	उ	आ
स	र	अ	य	◌ू	त	न	ठ	ल	ऊ	ऊ	स	द	य	उ	प
ऊ	श	घ	ञ	◌ं	च	आ	प	आ	न	ह	ध	छ	ए	य	ऊ
ब	श	ध	थ	अ	ल	ण	स	थ	ह	ख	इ	म	र	ल	घ
द	ण	ण	ड	न	ञ	छ	ह	ठ	स	छ	ध	य	ड	त	ऊ

हाथी चक
बादाम
अजवाइन
चावल
बैंगन
चेरी
चॉकलेट
सूरजमुखी
अंडा
अदरक

कीवी
सेब
रोटी
केला
चिकन
पनीर
टमाटर
गेहूँ
अंगूर
दही

88 - Diplomacia

ड	ठ	ठ	र	घ	घ	न	य	र	क	◌ा	ह	◌ा	ल	स	ट
न	ड	आ	ढ	ठ	ट	ऊ	म	◌ा	ए	ध	व	य	ख	श	आ
स	ह	य	◌ो	ग	ढ	प	ट	ज	स	ड	ह	उ	ल	ख	इ
अ	व	ष	न	ऊ	उ	म	ग	न	ढ	म	ह	य	ब	उ	ड
द	ख	ट	भ	व	ट	ञ	इ	य	प	ए	◌ा	स	द	म	र
द	ओ	◌ं	ष	◌ा	◌ा	भ	ब	◌ि	स	द	ध	ध	घ	फ	◌ा
त	इ	ए	ड	फ	ध	ध	ग	क	म	ह	ढ	◌ि	◌ा	ध	ज
छ	घ	व	घ	त	थ	द	ठ	ग	◌ु	श	ब	◌ं	छ	न	न
न	ण	ट	स	व	◌ा	त	◌ा	◌ू	द	र	व	स	इ	स	◌ी
स	◌ं	क	ल	◌्	प	न	भ	द	◌ा	न	◌्	य	◌ा	य	त
म	ह	इ	भ	ख	च	त	ष	ल	य	ऊ	ल	उ	व	ण	◌ि
◌ा	श	र	◌ा	क	र	स	◌ु	र	क	◌्	ष	◌ा	फ	ऊ	व
न	आ	स	य	ग	◌्	आ	ब	ण	◌्	व	◌ि	द	◌े	श	प
व	र	घ	थ	आ	च	छ	त	य	श	घ	श	भ	आ	ठ	र
◌ी	च	य	घ	ट	◌ा	ए	घ	ढ	य	ढ	◌ं	ठ	ल	प	व
य	ब	त	र	◌ा	ज	द	◌ू	त	◌ि	◌ी	न	स	म	ल	ल

सलाहकार
समुदाय
संघर्ष
सहयोग
राजनयिक
चर्चा
दूतावास
राजदूत
विदेश
नीति
सरकार
मानवीय
भाषाओं
अखंडता
न्याय
राजनीति
संकल्प
सुरक्षा
समाधान
संधि

89 - Herboristería

ड प ऊ ब ढ र स ◌े क प ष स र य ए स
म ◌ा र ह ठ छ छ च ब ◌ु र आ म व ड ◌्
ब क ह य श स आ फ व ग ठ छ र छ थ व
भ च त ग म ग द ◌ं ◌ू त न र द द व ◌ा
प ◌ु द ◌ी न ◌ा ल ◌ौ श ल ख ड ◌ा घ ◌ि द
द स ल फ ख ठ त स ◌ौ ल ◌ु त ब द य ल
◌ौ ट ह स य ध म इ र आ ड ञ ◌ू द य त
न ल स ब ग ◌ी च ◌ा य च न ड श व न ठ
◌ी त ◌ु म न ऊ न घ प ◌ौ ध ◌ा ◌ु ए ब ह
ह प न ग ◌ो र ◌ा त प छ ए य ख ढ ल ष
अ ज म ◌ो द घ ठ आ ऊ न घ त व ढ म श
च ष ऊ म ह च प ल ड व ठ न ध फ छ ड
ग ◌ु ण व त ◌् त ◌ा घ ल ◌ै व ◌े ◌ं ड र
ग ढ च ञ आ ग य च ट श च ध व प थ ड
ल ढ र म भ य ध थ क इ त ख व स ऊ ढ
ब प ण उ त ख य ट उ च प उ ए म र म

लहसुन
तुलसी
खुशबूदार
केसर
गुणवत्ता
पाक
दिल
तारगोन
फूल
सौंफ

घटक
बगीचा
लैवेंडर
कुठरा
पुदीना
अजमोद
पौधा
दौनी
स्वाद
हरा

90 - Energía

र	ठ	प	ष	फ	द	व	ठ	छ	र	ख	छ	न	छ	न	ग
प	◌्	र	द	◌ू	ष	ण	ग	र	◌्	म	◌ी	ल	ज	◌ी	ड
उ	◌ा	व	ह	प	ग	थ	य	र	◌्	◌ू	स	◌ी	च	य	घ
न	ठ	भ	ठ	म	ब	फ	◌ो	म	◌ो	ट	र	स	घ	ब	य
इ	श	व	प	◌ा	स	य	◌्	थ	फ	◌ो	ट	◌ो	न	त	उ
◌ा	ल	प	आ	म	ञ	प	द	ड	ब	ध	प	◌ै	ज	ल	ह
ब	◌ी	◌े	य	र	च	ढ	उ	ब	◌ै	ह	स	ग	र	उ	ल
र	ज	घ	क	क	थ	छ	म	ग	ट	ठ	र	ष	◌ो	त	स
ट	◌ि	द	◌ी	◌्	प	ण	ण	ग	र	ह	ल	ट	ड	श	छ
ए	ब	थ	भ	◌्	ट	ई	म	उ	◌ी	न	ब	र	◌्	◌ा	क
द	स	ऊ	◌ि	त	श	◌्	◌ं	ल	ञ	अ	ठ	इ	इ	श	ल
भ	ब	ख	◌ा	उ	ण	इ	र	ध	द	क	छ	न	◌ा	ट	ख
फ	ग	य	न	ष	न	ध	ट	◌ॉ	न	◌्	न	ट	ह	ट	म
ऊ	ढ	उ	ष	प	थ	घ	ह	व	न	ष	भ	घ	ग	आ	ञ
द	व	छ	आ	घ	ञ	इ	फ	भ	ड	य	द	च	न	ध	ध
स	ढ	य	त	ए	घ	ठ	ष	ग	श	ढ	फ	इ	च	स	ष

बैटरी
गर्मी
कार्बन
ईंधन
प्रदूषण
डीजल
इलेक्ट्रॉन
बिजली
उत्क्रम-माप
फोटोन
गैसोलीन
हाइड्रोजन
उद्योग
मोटर
नाभिकीय
अक्षय
सूर्य
टरबाइन
भाप
हवा

91 - Especias

द	व	य	ब	द	ञ	स	घ	द	आ	व	ञ	स	ध	प	न
द	ध	फ	व	◌ा	छ	र	ट	ठ	आ	ध	न	ण	थ	भ	व
ग	थ	ष	ध	ल	क	◌े	स	र	य	न	म	◌ी	थ	ब	श
ण	व	ठ	ड	च	च	र	व	ह	उ	◌ि	◌ि	ए	ल	घ	छ
ह	च	म	ढ	◌ी	र	क	द	ण	ई	य	र	ञ	य	◌ा	ढ
इ	ह	स	ख	न	आ	आ	र	अ	ठ	◌ा	◌्	फ	भ	ढ	घ
ल	थ	च	न	◌ी	ख	ट	◌्	ट	◌ा	थ	च	थ	ष	ग	उ
◌ा	ऊ	ल	व	ष	ड	इ	ऊ	ब	◌ि	म	घ	उ	च	ञ	ध
य	ञ	म	ऊ	स	स	◌ौ	◌ं	फ	म	ट	ब	म	ऊ	स	स
च	च	ए	ठ	ग	फ	न	स	प	द	ढ	त	ग	न	ह	◌्
◌ी	ण	द	ष	स	ड	थ	उ	ध	ज	य	◌ा	◌्	प	प	व
न	◌ु	स	ह	ल	ठ	ण	म	ए	◌ी	ज	◌ा	य	फ	ल	◌ा
ऊ	म	न	द	◌्	य	प	◌ा	न	र	न	ख	ह	ख	ग	द
द	घ	क	भ	च	इ	प	च	आ	◌ा	ब	ल	ढ	ए	व	ण
ल	◌ौ	◌ं	ग	ष	र	ड	ह	भ	र	त	ए	र	ह	ग	न
क	ड	◌़	व	◌ा	ट	म	उ	ड	व	व	आ	ग	इ	उ	ञ

खट्टा
लहसुन
कड़वा
केसर
दालचीनी
इलायची
प्याज
धनिया
लौंग
जीरा
करी
मिठाई
सौंफ
अदरक
जायफल
मिर्च
नद्यपान
स्वाद
नमक
वनीला

92 - Universo

आ	स	ल	ड	ध	ड	आ	आ	ग	ठ	ड	ठ	इ	ठ	ह	ख
क	द	ड	◌ौ	आ	क	◌ा	श	आ	श	अ	◌ं	ध	◌े	र	◌ा
◌ा	◌ू	म	ड	क	म	ग	छ	ह	उ	ष	व	फ	क	ग	र
श	र	◌ं	फ	त	◌ि	र	◌ा	◌ं	क	◌्	◌ं	स	◌्	◌्	◌े
ग	ब	य	उ	उ	ढ	क	ढ	इ	स	ह	उ	ञ	ष	र	य
◌ं	◌ी	◌ु	उ	थ	य	ण	ए	आ	ञ	इ	ड	र	◌ि	द	ध
ग	न	◌ा	इ	ए	ट	ए	ष	ब	ण	आ	ट	ष	त	◌्	◌्
◌ा	ऊ	व	र	त	न	◌्	श	◌ा	◌े	द	ह	फ	◌ि	ष	म
क	क	◌्	ष	◌ा	ह	ह	छ	ष	थ	ञ	प	र	ज	◌ु	◌ू
ख	ग	◌ो	ल	व	◌ि	ज	◌्	ञ	◌ा	न	◌ी	ब	ट	◌्	भ
द	◌ृ	श	◌्	य	म	◌ा	न	ञ	थ	◌ं	ठ	ख	ष	क	द
च	◌ा	◌ँ	द	ध	घ	ह	ग	ढ	ध	र	◌्	ल	◌ा	◌ो	ग
ख	ग	◌ो	ल	व	◌ि	ज	◌्	ञ	◌ा	न	थ	क	थ	स	य
भ	ठ	आ	क	◌ा	श	◌ी	य	स	◌ौ	र	र	ए	अ	व	च
ऊ	ग	ल	श	घ	च	ब	उ	ञ	ट	ऊ	इ	प	ऊ	छ	त
ट	ष	च	ब	ख	न	ए	थ	इ	स	ठ	ग	ध	ध	न	न

क्षुद्रग्रह
खगोल विज्ञान
खगोल विज्ञानी
वायुमंडल
आकाशीय
आकाश
लौकिक
भूमध्य रेखा
आकाशगंगा
गोलार्ध
क्षितिज
अक्षांश
देशान्तर
चाँद
अंधेरा
कक्षा
सौर
संक्रांति
दूरबीन
दृश्यमान

93 - Jazz

ध	इ	च	ब	प	ड	ढ	भ	न	न	छ	ग	स	य	स	प
च	ग	व	ग	व	ल	छ	द	इ	य	थ	ख	ट	ऑ	ढ	◌्
फ	ऊ	र	न	फ	प	आ	फ	थ	◌ा	ठ	इ	प	र	ञ	र
श	ऊ	र	च	फ	य	ड	स	ग	ह	छ	उ	घ	◌्	ब	त
स	◌ै	ग	प	न	श	क	त	ग	◌ी	◌ं	स	आ	क	ग	◌ि
श	त	ल	त	द	◌ा	द	◌ी	◌ं	स	प	ब	त	◌े	स	भ
व	घ	ञ	◌ी	ठ	स	व	ग	न	घ	ष	प	◌ा	स	◌ं	◌ा
व	◌ा	ह	व	◌ा	ह	◌ी	क	प	क	ट	◌्	ल	◌्	ग	उ
त	ड	त	ठ	ध	ज	ह	◌ा	न	ख	त	र	ण	ट	◌ी	न
ठ	ध	ष	थ	प	◌़	न	म	न	म	ठ	स	श	◌्	त	प
श	ऊ	ब	व	उ	◌ो	ड	च	य	म	ग	◌ि	ए	र	क	◌ु
इ	स	श	द	ण	र	◌्	ल	ढ	थ	श	द	ख	◌ा	◌ा	र
ब	ख	ड	फ	म	च	र	◌ा	न	म	ब	◌्	ल	ए	र	◌ा
क	ल	◌ा	क	◌ा	र	म	ऊ	ष	च	ऊ	ध	म	घ	आ	न
स	◌ं	ग	◌ी	त	क	◌ा	र	◌ो	◌ं	ख	द	ऊ	य	ध	◌ा
स	ऊ	र	इ	च	न	द	व	फ	द	फ	ऊ	च	ब	थ	ष

वाहवाही
कलाकार
एल्बम
गीत
रचना
संगीतकार
शैली
ज़ोर
प्रसिद्ध
पसंदीदा
कामचलाऊ
संगीत
संगीतकारों
नया
ऑर्केस्ट्रा
ताल
प्रतिभा
ड्रम
तकनीक
पुराना

94 - Mediciones

श	ट	ठ	द	ठ	र	◌ौ	ग	◌्	◌ि	ड	ग	ट	छ	य	ष
ण	ल	ठ	ब	श	ट	इ	◌ा	ब	थ	ञ	ह	इ	◌ं	च	ट
आ	ब	ह	छ	फ	म	ग	ड	ध	ऊ	ञ	र	ट	◌ी	म	ख
ढ	श	न	र	ट	◌ी	ल	त	ष	ख	थ	◌ा	ध	ञ	फ	फ
म	न	भ	ट	ध	ट	व	व	ठ	च	म	ई	ब	◌ा	◌ं	ल
श	छ	फ	म	य	◌ी	ह	ध	ह	ब	भ	◌ि	स	आ	न	न
ए	थ	ठ	◌ी	ण	◌ं	त	द	उ	छ	य	आ	न	त	य	आ
भ	ग	उ	ल	त	◌े	ल	ट	आ	ई	ब	ए	ज	ट	च	ठ
आ	फ	थ	◌ो	न	स	◌ा	म	ण	च	ड	द	व	च	स	च
ब	ण	प	◌ि	ढ	◌ं	य	प	त	◌ा	◌ौ	त	ह	र	भ	ऊ
घ	ष	य	क	भ	औ	व	प	र	◌ं	ल	ड	र	म	स	ऊ
प	ट	श	ऊ	ह	च	य	न	र	ऊ	उ	श	◌़	र	श	च
प	य	भ	ऊ	फ	छ	य	ध	व	स	ष	ड	घ	◌ा	ञ	व
ड	व	ब	व	भ	भ	ग	श	त	य	ब	ण	र	◌्	ई	ए
क	◌ि	ल	◌ो	ग	◌्	र	◌ा	म	ढ	न	ब	ट	ग	छ	र
ख	स	फ	न	आ	ष	म	ठ	म	ढ	आ	घ	न	उ	म	श

ऊंचाई
चौड़ाई
बाइट
सेंटीमीटर
दशमलव
डिग्री
ग्राम
किलोग्राम
किलोमीटर
लीटर

लंबाई
मास
मीटर
मिनट
औंस
वजन
गहराई
इंच
टन
आयतन

95 - Barcos

ड	ण	न	क	श	◌्	त	◌ौ	प	उ	ग	उ	थ	द	व	म
य	◌ो	ज	श	घ	त	ष	थ	द	ऊ	ख	स	उ	ल	प	ब
ढ	ए	◌ं	न	◌ा	व	◌ि	क	ल	ष	ध	भ	ए	च	स	घ
म	उ	इ	ग	थ	व	ब	◌ा	◌ं	थ	त	इ	द	ऊ	घ	न
स	थ	ह	न	◌ौ	ठ	श	◌ो	ग	घ	थ	क	फ	व	व	ष
न	म	य	ठ	व	व	ञ	न	र	◌ौ	द	◌्	◌ु	म	स	भ
द	इ	◌ु	र	ग	ष	ब	फ	र	झ	श	र	स	◌ा	ग	र
◌ौ	घ	ब	द	भ	ग	व	छ	स	◌ौ	ऊ	◌ू	न	च	ह	व
म	ष	◌ो	य	◌्	द	न	ख	◌्	ल	व	प	व	ण	ल	◌ा
ऊ	ब	य	◌ं	◌े	र	ह	ल	स	ल	त	छ	भ	व	ठ	◌्
ड	◌़	◌ा	◌े	ब	भ	ण	भ	◌ौ	ब	य	◌ू	ञ	थ	ग	ज
ह	भ	भ	र	ध	ठ	द	ठ	आ	श	इ	ख	◌्	आ	च	ध
ढ	स	उ	प	य	प	आ	आ	च	श	ध	य	ख	स	उ	भ
श	छ	ढ	ल	ए	च	ह	ए	स	श	छ	ढ	आ	ध	म	ड
ढ	म	फ	स	र	भ	स	आ	द	स	ए	न	फ	भ	ग	ख
स	◌े	ल	ब	◌ो	ट	व	ड	ण	ञ	च	भ	य	ट	ठ	ध

लंगर
बेड़ा
बोया
डोंगी
रस्सी
कश्ती
झील
समुद्र
ज्वार
नाविक

मस्तूल
इंजन
समुद्री
सागर
लहरें
नदी
क्रू
सेलबोट
नौका

96 - Antártida

स	त	ह	ह	ख	भ	य	द	आ	द	आ	ल	य	ल	थ	ख
्	ख	क	घ	फ	ू	प	ञ	भ	प	ग	अ	ब	र	्	फ
थ	ड	न	प	स	ग	र	न	इ	छ	ष	भ	ट	इ	छ	स
ल	ण	ि	व	ष	ो	ष	म	ी	ध	ज	ि	न	ख	श	भ
ा	इ	ञ	ह	स	ल	द	ा	ब	ा	ठ	य	ञ	ट	इ	ब
क	घ	ा	ष	आ	उ	न	प	फ	ञ	प	ा	ऊ	ग	छ	ल
ृ	प	ज	भ	च	भ	म	ा	ल	ण	ट	न	द	ऊ	द	ड
त	व	्	प	उ	व	ि	त	प	थ	र	ी	ल	ा	ब	त
ि	ी	ै	र	ल	ध	ह	श	प	े	ं	ग	ु	इ	न	प
भ	द	व	प	ा	च	प	प	ो	ख	ल	फ	ञ	इ	ऊ	्
घ	्	स	भ	त	य	श	ह	ट	ध	व	ञ	द	ण	श	र
प	ा	त	ण	फ	ध	द	ड	ण	ष	क	्	र	ं	स	व
स	ह	ध	इ	प	थ	ड	्	ब	े	स	र	र	भ	छ	ा
भ	म	ढ	ह	म	ू	स	प	व	ी	्	द	्	आ	ण	स
आ	ह	ध	ठ	ट	श	प	ह	ष	ी	्	क	प	त	र	ऊ
न	फ	त	ग	ठ	श	फ	थ	व	छ	प	श	फ	च	ा	ब

पानी
बे
वैज्ञानिक
संरक्षण
महाद्वीप
अभियान
भूगोल
हिमनद
बर्फ
शोधकर्ता

द्वीप समूह
प्रवास
खनिज
बादल
पक्षी
प्रायद्वीप
पेंगुइन
पथरीला
तापमान
स्थलाकृति

97 - Mamíferos

ध	श	ण	थ	च	द	त	ड	य	छ	क	उ	ञ	ध	द	ब
ष	ब	च	ग	श	प	प	ब	उ	ष	श	ु	ट	प	र	ु
घ	छ	ं	उ	ो	ल	ट	इ	ठ	घ	फ	ष	त	र	न	ल
र	उ	ध	द	ग	इ	य	द	र	ड	भ	स	ध	्	स	त
ल	ा	ल	्	र	ि	ो	ग	ए	ॉ	ब	ए	य	ठ	त	र
ख	श	ञ	ब	ख	द	ो	ध	इ	ल	ह	े	्	व	आ	ा
घ	ो	ड	़	ा	य	क	ल	ष	्	क	ठ	र	ह	ष	आ
ग	घ	ढ	च	ध	भ	न	आ	ह	फ	स	ं	म	थ	ब	भ
ण	द	च	म	ग	म	ञ	स	ध	ि	छ	र	ग	ी	ष	े
स	ढ	ज	ि	र	ा	फ	़	छ	न	भ	व	ड	ा	ऊ	ड
भ	े	ड	़	ि	य	ा	ल	व	ण	ा	ऊ	ध	ह	र	़
ट	ट	ख	व	ण	ढ	प	ो	ल	ी	ल	्	ि	ब	ा	ू
च	ष	ख	घ	च	आ	थ	म	व	ड	ू	ए	ख	थ	ब	ब
ख	ट	छ	म	ऊ	ँ	ट	ड	ल	ञ	भ	ष	व	ढ	े	ब
ठ	ट	प	ख	ल	भ	न	़	ब	प	ट	घ	इ	उ	़	ए
छ	ग	ह	ञ	ग	त	आ	ो	थ	ख	स	ग	थ	र	ज	ठ

व्हेल
गधा
घोड़ा
ऊँट
कंगारू
ज़ेबरा
खरगोश
कोयोट
डॉल्फिन
हाथी

बिल्ली
गोरिल्ला
जिराफ़
भेड़िया
बंदर
भालू
भेड़
कुत्ता
बुल
लोमड़ी

98 - Boxeo

द	त	श	र	घ	◌्	◌ी	श	प	ट	ल	श	◌ौ	क	भ	ल
ल	स	श	ग	स	ण	द	य	क	◌ू	◌ा	◌़	ड	ल	र	म
ल	फ	◌्	ब	ध	◌्	घ	स	ध	म	त	क	◌ा	त	◌े	ठ
व	ख	थ	त	ध	थ	स	म	◌ु	ट	◌्	ठ	◌ी	ढ	फ	ठ
ढ	थ	द	ध	◌ा	स	छ	◌ि	ठ	घ	थ	व	र	थ	र	◌ो
घ	◌ं	ट	◌ी	श	न	ठ	र	य	य	ष	थ	थ	ञ	◌ी	ड
ट	ख	ञ	र	ध	ढ	◌े	थ	छ	◌ो	य	ल	च	ए	य	◌़
इ	ट	ह	◌ो	इ	ड	च	ठ	ऊ	य	◌ं	प	स	छ	ऊ	◌ी
ए	ट	च	◌ि	ध	ख	श	ह	व	स	◌ू	ल	◌ी	ग	ध	फ
ल	स	ण	व	थ	ण	ग	ब	ढ	न	स	र	ष	न	त	ट
ख	म	ब	त	ए	आ	ऊ	ण	फ	◌ो	र	इ	फ	ल	म	उ
थ	प	य	आ	उ	प	त	श	थ	ह	श	ध	ऊ	ए	उ	ग
च	न	उ	म	ए	स	ल	स	क	◌ो	फ	श	घ	द	व	द
ढ	छ	व	ढ	न	ल	भ	ल	ग	क	ए	ष	र	ण	प	अ
क	◌ो	न	◌े	आ	ट	ए	य	य	ए	र	ए	ञ	◌ी	स	◌ं
न	ष	ट	ऊ	ऊ	ट	म	आ	◌ा	द	व	ठ	ट	ध	र	क

रेफरी
ठोड़ी
घंटी
फोकस
कोहनी
रस्सियों
शरीर
कोने
थक गया
ताकत
दस्ताने
कौशल
लड़ाकू
विरोधी
लात
अंक
मुट्ठी
शीघ्र
वसूली

99 - Abejas

भ	व	ठ	उ	र	घ	द	ख	◌ि	ल	न	◌ा	ग	त	त	आ
म	◌ो	म	श	न	फ	◌ू	ल	च	ग	घ	न	ए	ध	इ	ब
प	न	ज	व	◌ि	व	◌ि	ध	त	◌ा	ह	प	त	च	ख	ल
ष	ऊ	घ	न	म	य	ब	◌े	इ	र	◌ी	म	उ	श	ए	ध
व	छ	ट	◌ी	क	ऊ	प	◌ौ	ऊ	प	त	ग	म	ह	आ	ण
ब	भ	फ	◌ा	श	ल	ध	प	ड	◌ं	◌ु	झ	ब	द	स	प
म	उ	य	र	◌्	◌ू	स	घ	ब	ख	उ	ढ	ष	त	न	ष
न	घ	ह	◌ी	फ	द	ञ	ग	आ	त	छ	ठ	फ	ट	ण	स
स	उ	ए	क	प	ब	ध	ध	ट	घ	ट	ञ	ञ	फ	व	ढ
प	भ	ल	◌ा	ट	ष	ट	◌ु	त	ण	प	च	थ	ल	ट	आ
ट	फ	त	भ	न	द	इ	आ	छ	व	घ	र	त	थ	घ	इ
उ	ढ	ए	◌ा	ग	न	आ	◌ॅ	द	थ	य	च	◌ा	च	च	फ
घ	ग	उ	ल	थ	य	घ	ढ	ण	ल	द	च	आ	ग	भ	म
फ	ग	ण	ट	ए	प	आ	त	स	ध	ष	ग	ट	ण	ण	इ
ए	श	छ	त	◌्	त	◌ा	भ	ऊ	ऊ	ठ	य	श	ए	ढ	क
त	ल	ए	ह	ध	स	य	छ	ट	ऊ	थ	आ	ए	श	थ	ऊ

पंख
लाभकारी
मोम
छत्ता
भोजन
विविधता
झुंड
खिलना
फूल
फल
धुऑ
कीट
बगीचा
शहद
पौधे
पराग
परागणक
रानी
सूर्य

100 - Psicología

स	उ	इ	ड	ढ	ब	स	ब	ड	ख	ड	थ	व	स	अ	त
व	ं	आ	थ	व	ध	च	ट	ब	ञ	म	ह	ि	ब	न	श
ख	ए	घ	आ	ल	ख	र	प	फ	ग	प	ञ	च	च	ु	न
ख	ध	उ	र	इ	घ	थ	े	न	प	स	थ	ा	र	भ	ि
म	र	व	त	्	त	ि	क	्	य	्	व	र	व	व	य
न	ऊ	र	च	ड	ष	ब	े	ह	ो	श	ट	ो	्	ग	ु
ए	म	ष	स	ा	त	्	क	ि	ि	च	ब	ं	य	र	क
ॅ	ल	ण	र	ी	उ	ा	ट	ठ	ए	ग	ञ	श	व	स	्
न	ै	द	ा	न	ि	क	क	स	ध	श	ख	ञ	ह	प	त
ा	आ	ढ	ध	स	य	य	ं	व	न	ल	न	ऊ	ा	ख	ि
व	ऊ	ट	घ	न	ह	उ	स	व	ि	च	ा	र	र	ढ	ब
ा	ध	च	श	स	ह	ऊ	ञ	ऊ	थ	त	र	ए	ब	फ	ठ
भ	भ	ण	प	्	र	भ	ा	व	र	ए	स	य	ढ	ढ	ध
अ	ह	ं	क	ा	र	ष	ञ	फ	ऊ	ष	छ	्	ञ	उ	ड
ण	ए	म	ू	ल	्	य	ा	ं	क	न	त	आ	ा	च	ल
स	भ	स	स	ड	अ	न	ु	भ	ू	त	ि	द	न	व	म

नियुक्ति
नैदानिक
व्यवहार
संघर्ष
अहंकार
भावनाएँ
मूल्यांकन
अनुभव
विचारों
बेहोश
बचपन
प्रभाव
विचार
अनुभूति
व्यक्तित्व
संकट
वास्तविकता
सनसनी
सपने
चिकित्सा

1 - Arqueología

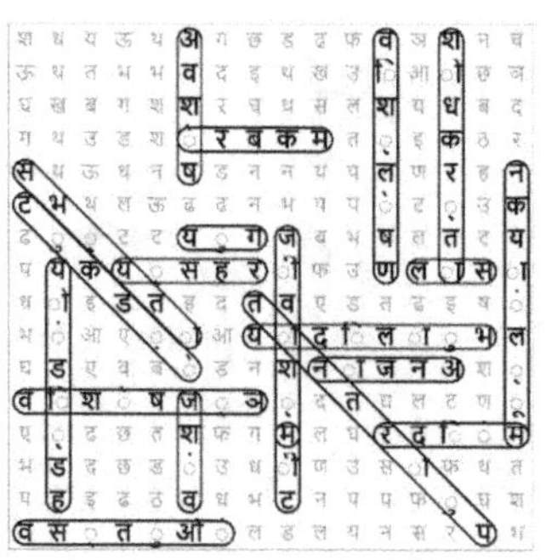

2 - Granja #2

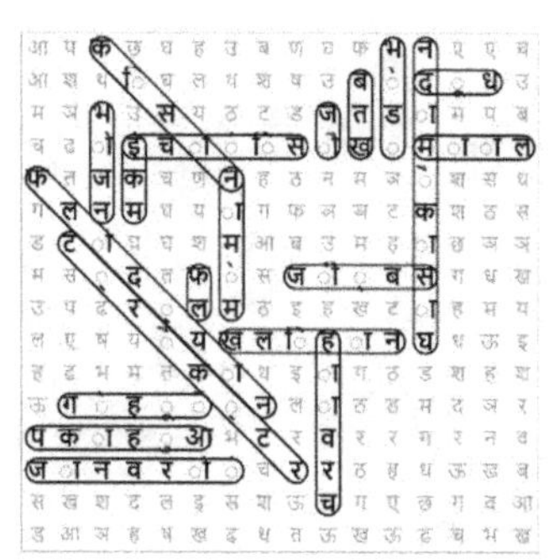

3 - La Empresa

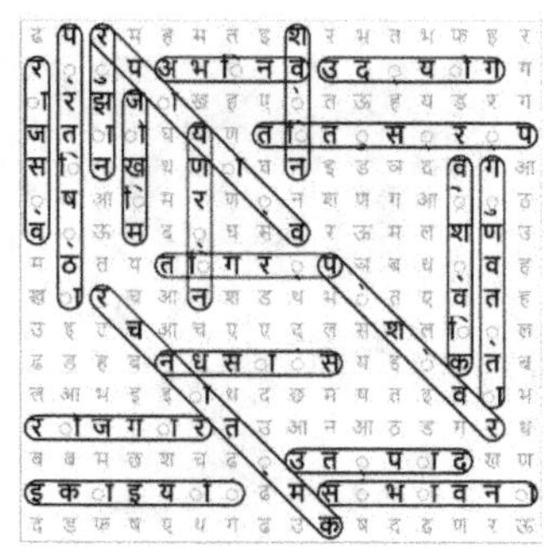

4 - Pesca

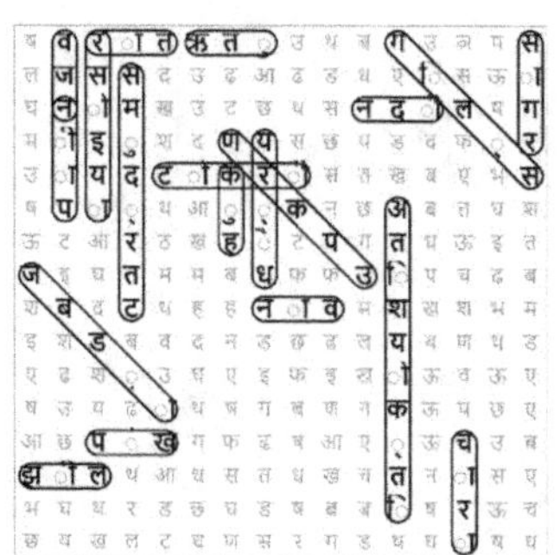

5 - Aviones

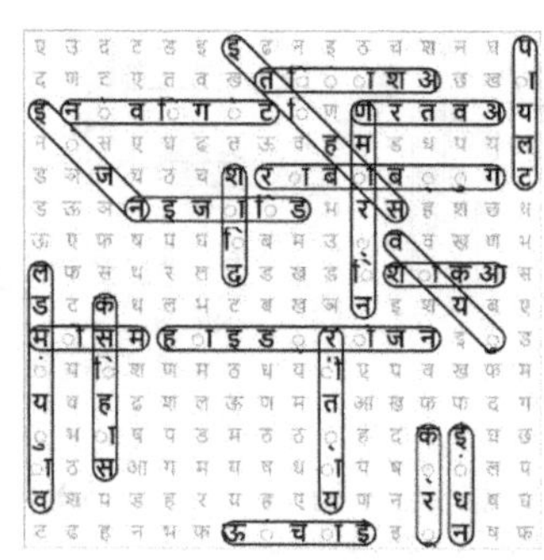

6 - Tipos de Cabello

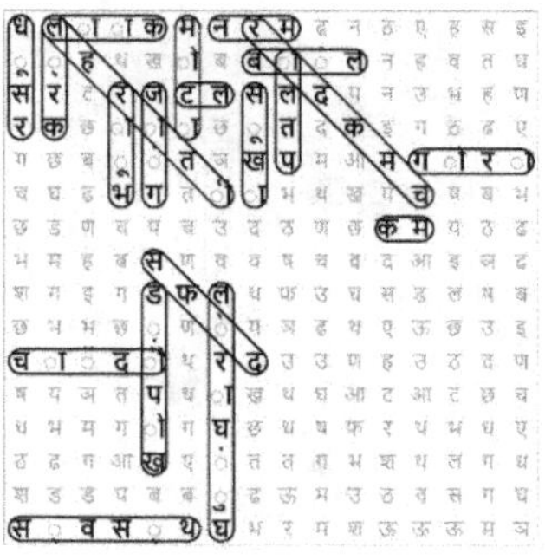

7 - Ética

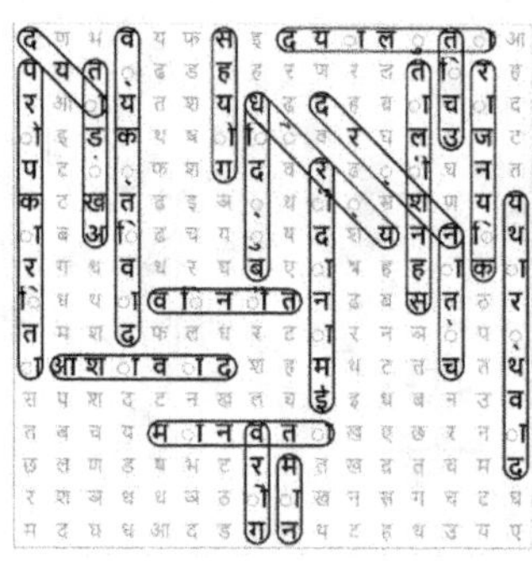

8 - Ciencia Ficción

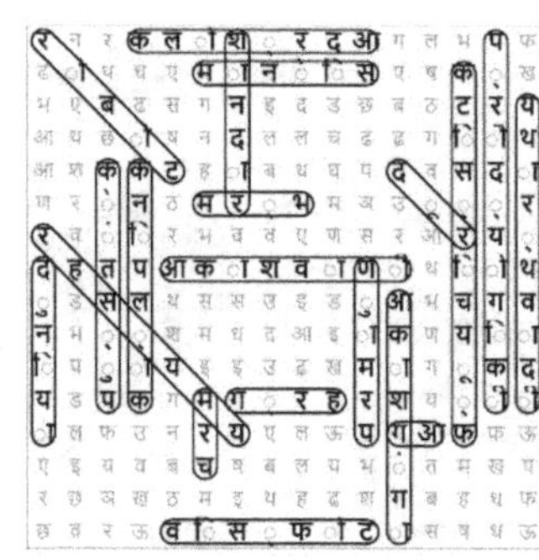

9 - Granja #1

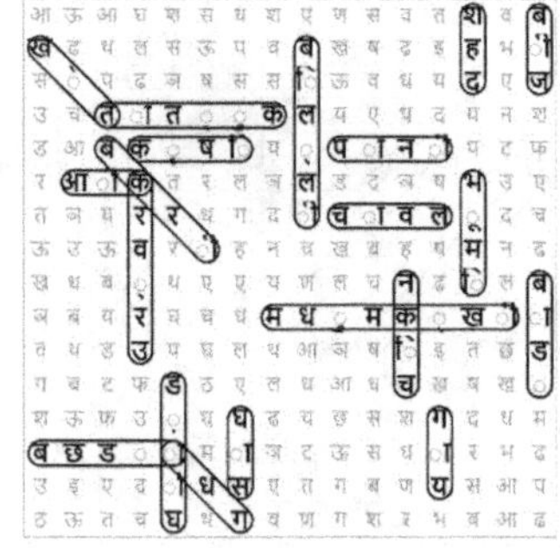

10 - Camping

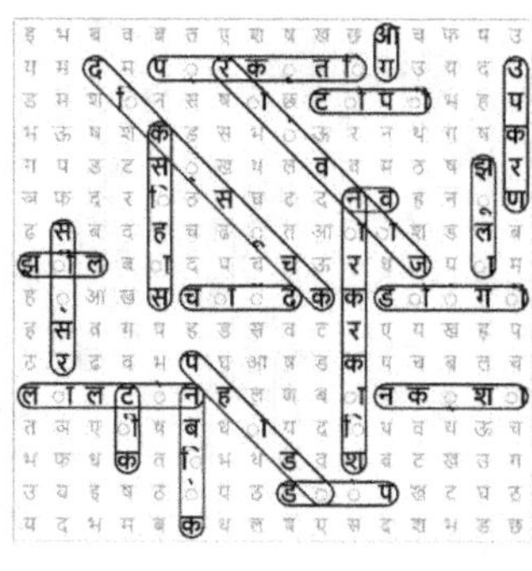

11 - Fruta

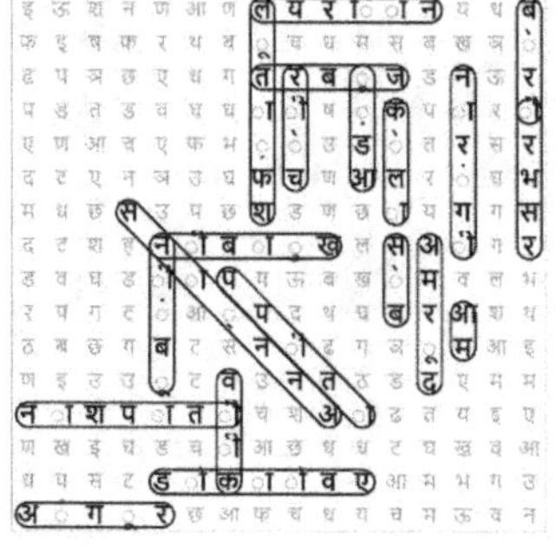

12 - Geología

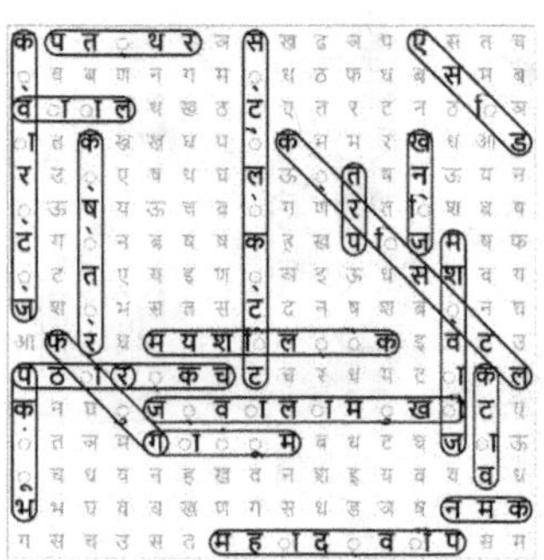

13 - Inmigración

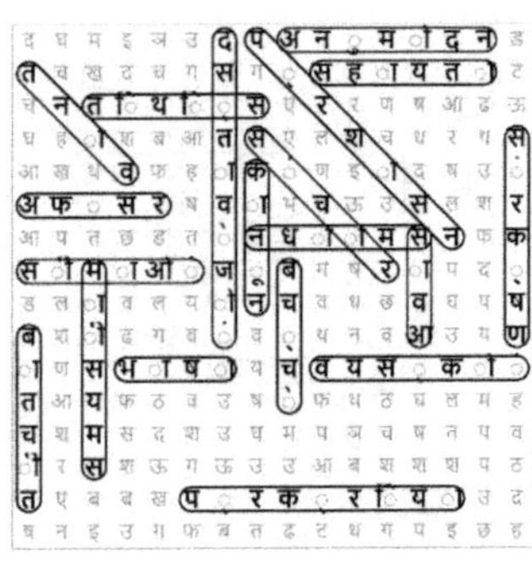

14 - Álgebra

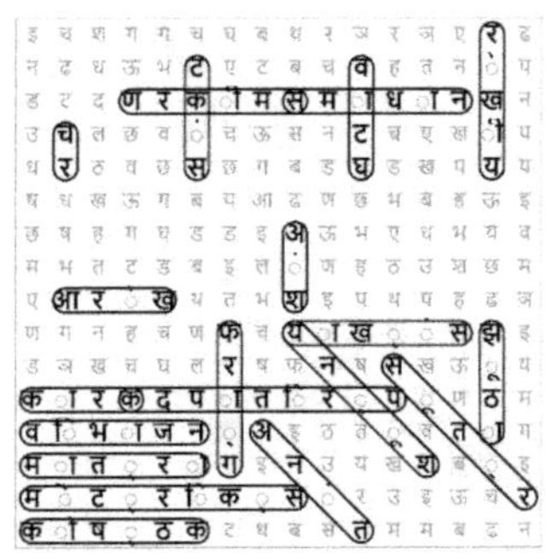

15 - Plantas

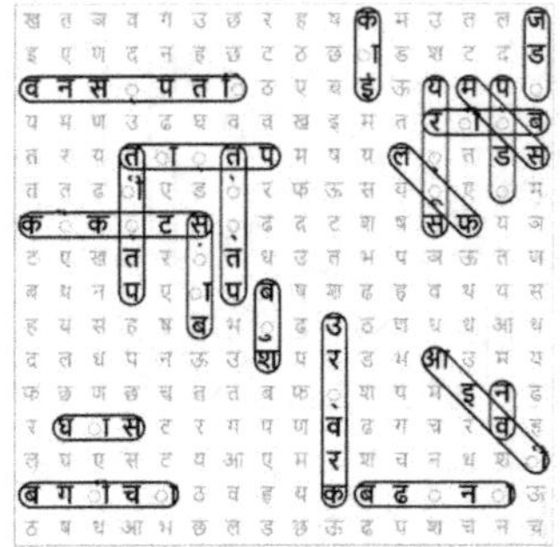

16 - Suministros de Arte

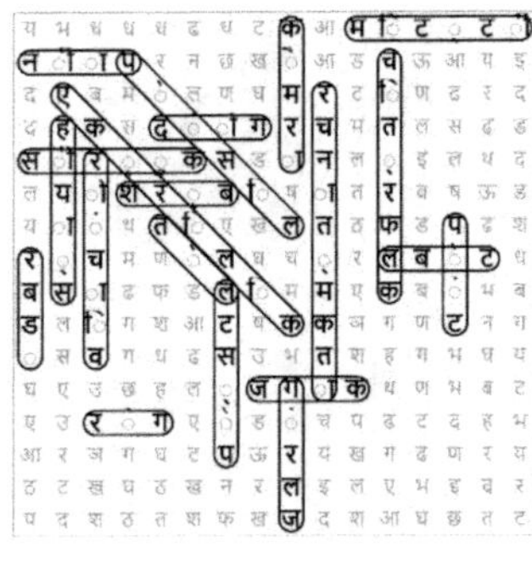

17 - Negocio

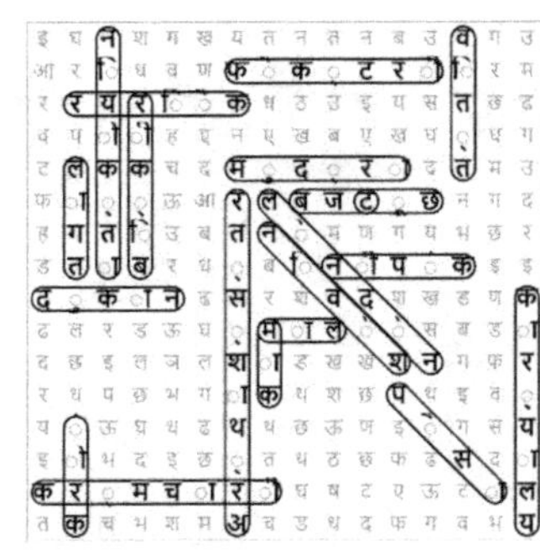

18 - Jardín

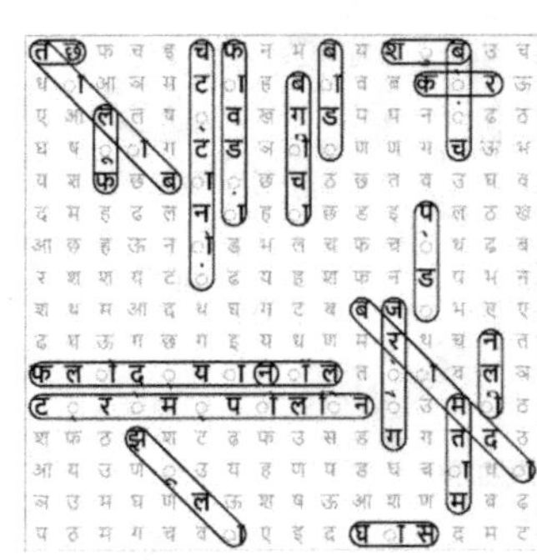

19 - Países #2

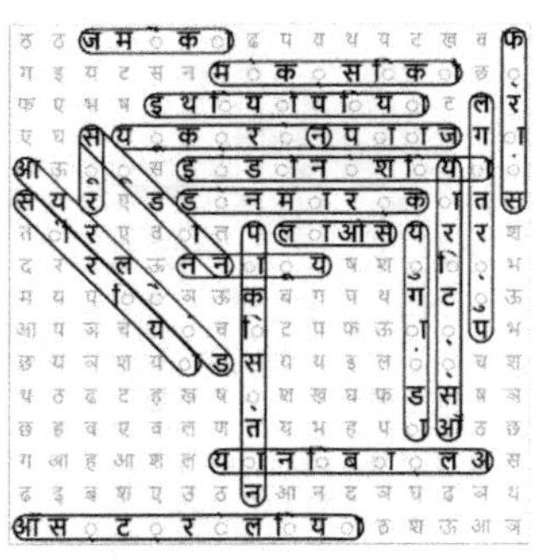

20 - Números

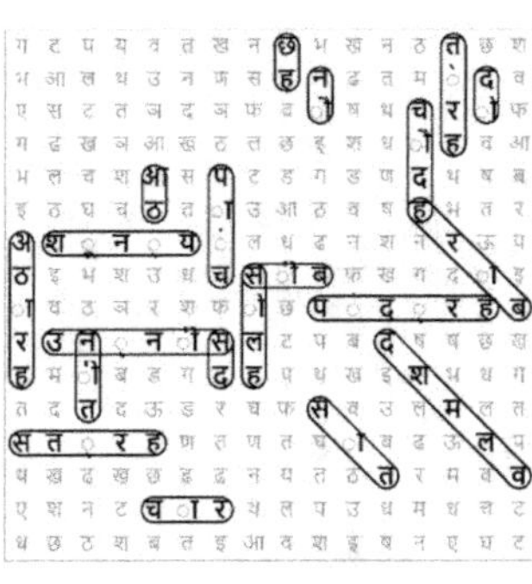

21 - Física

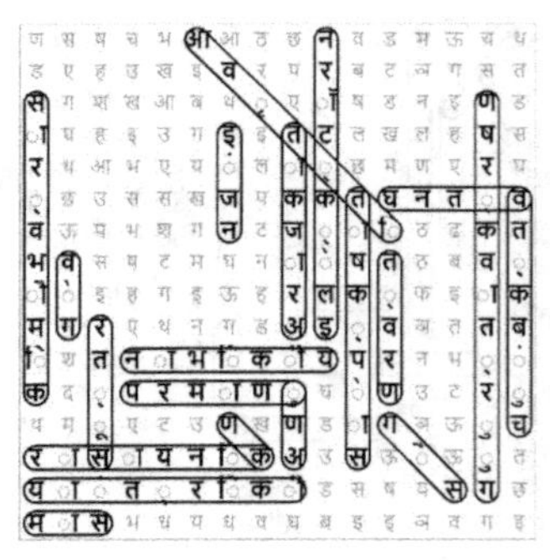

22 - Belleza

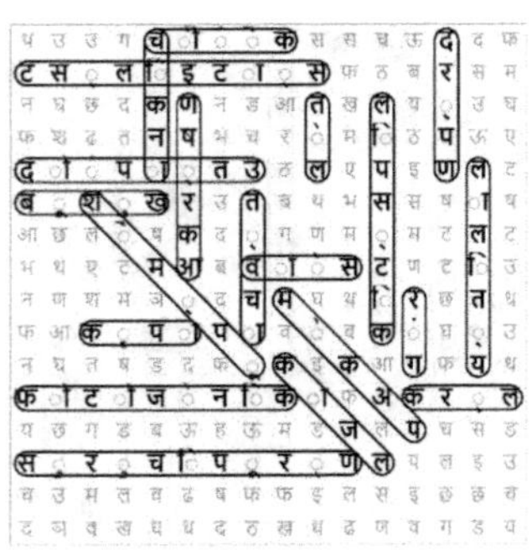

23 - Países #1

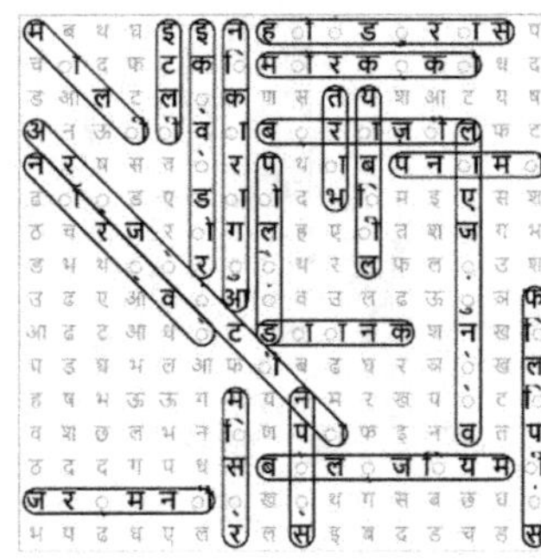

24 - Mitología

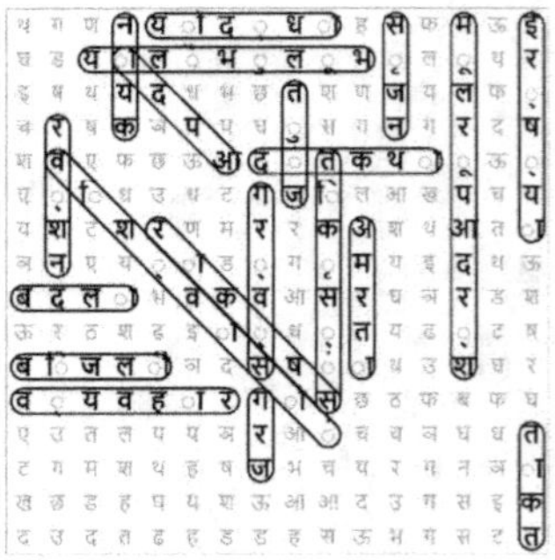

25 - Casa

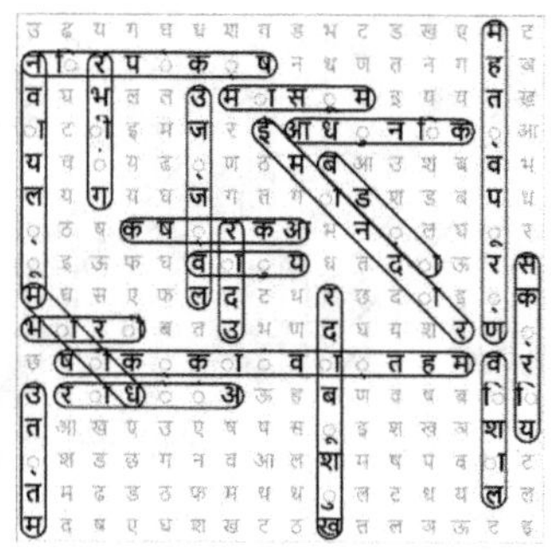

26 - Salud y Bienestar #2

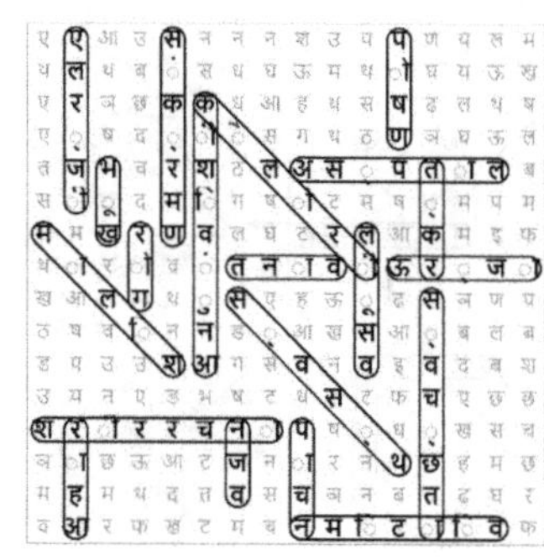

27 - Selva Tropical

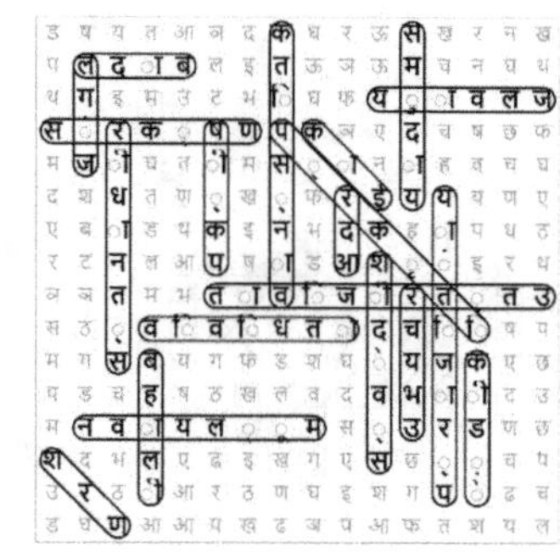

28 - Adjetivos #1

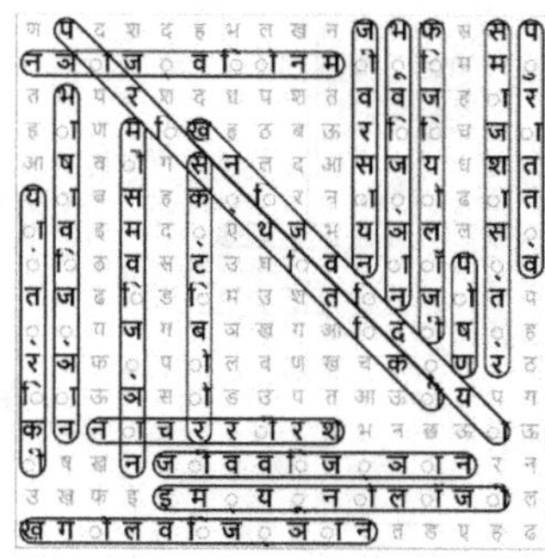

29 - Competencias La

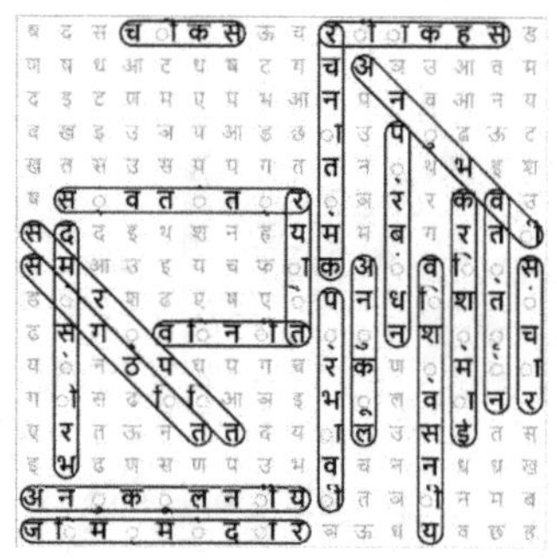

30 - Familia

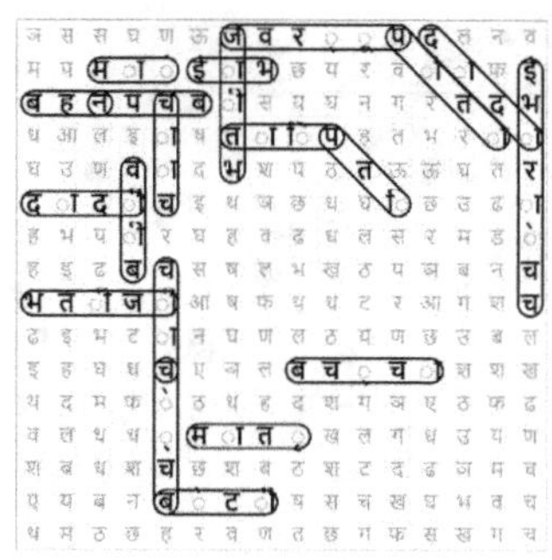

31 - Disciplinas Científicas

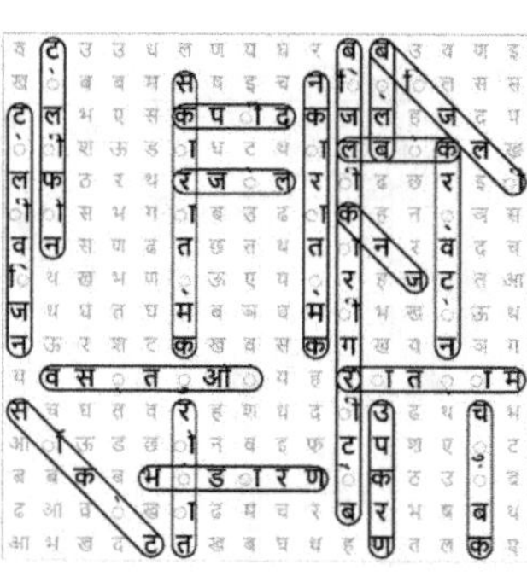

32 - Cocina

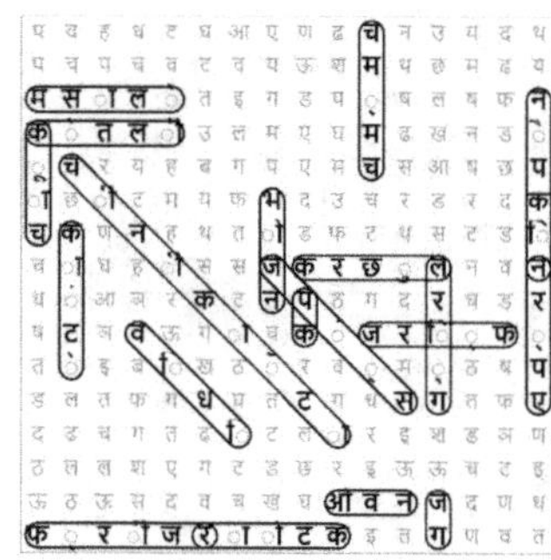

33 - Moda

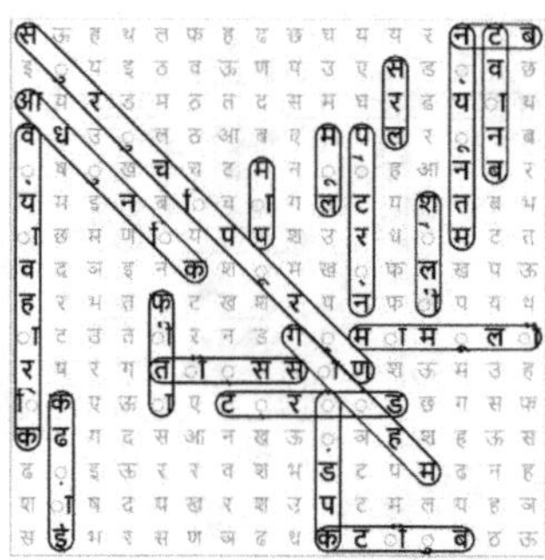

34 - Electricidad

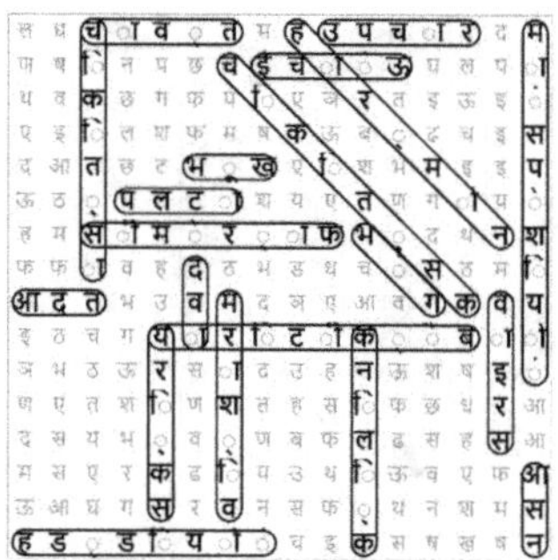

35 - Salud y Bienestar #1

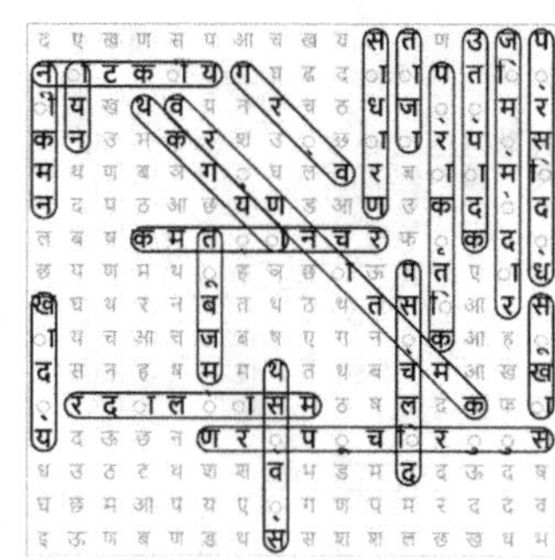

36 - Adjetivos #2

37 - Cuerpo Humano

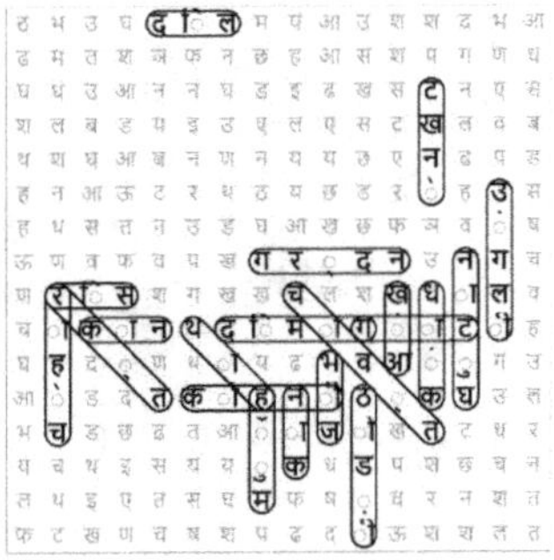

38 - Calentamiento Gl

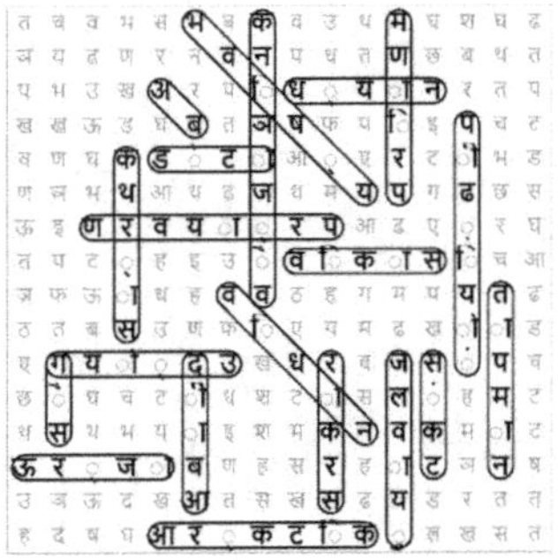

39 - Ciencia

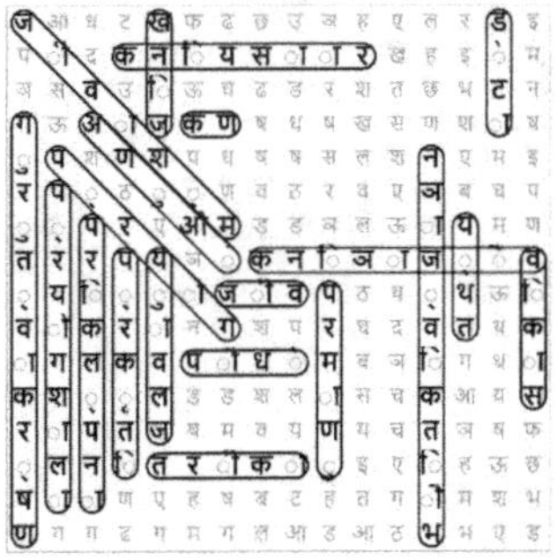

40 - Restaurante #2

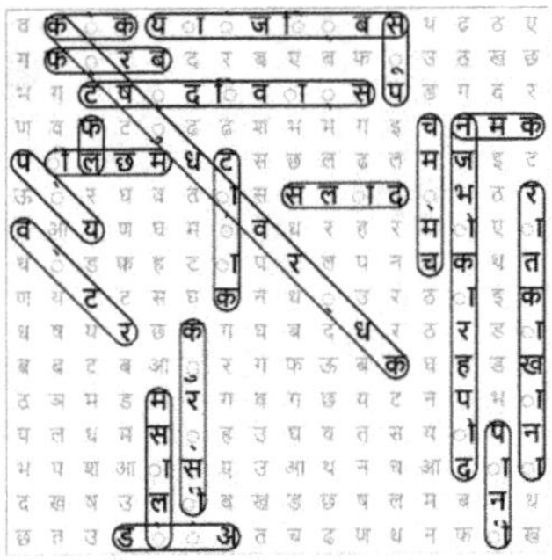

41 - Profesiones #1

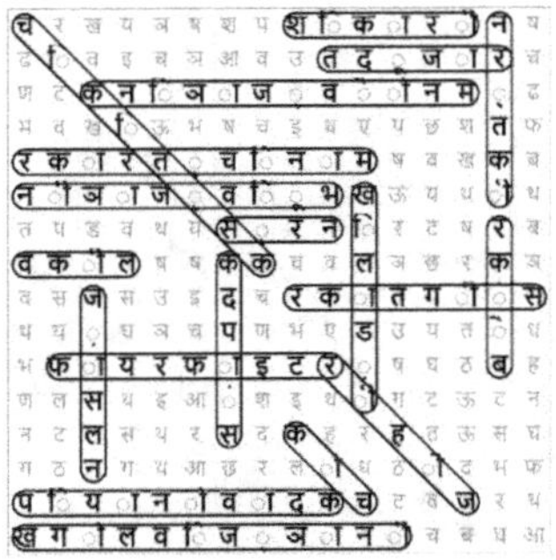

42 - Vehículos

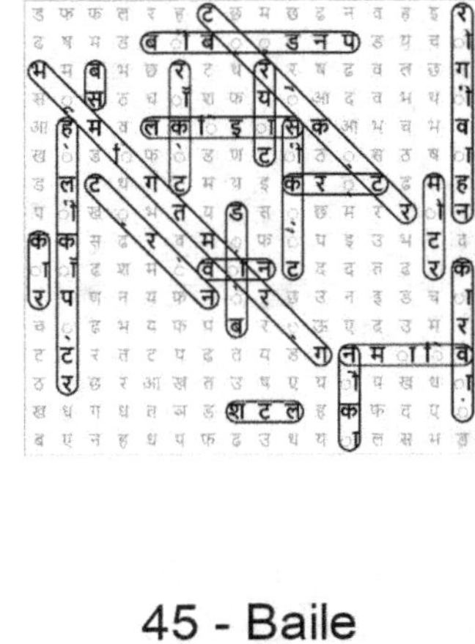

43 - Geometría

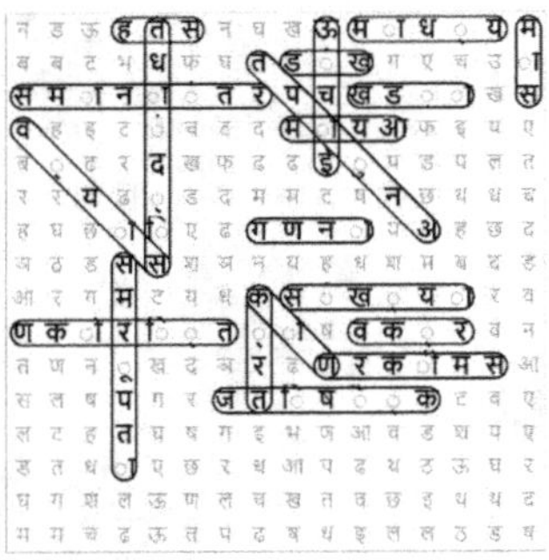

44 - Vacaciones #2

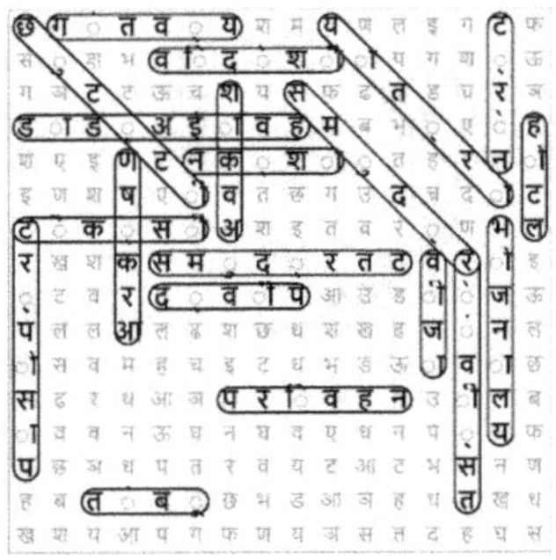

45 - Baile

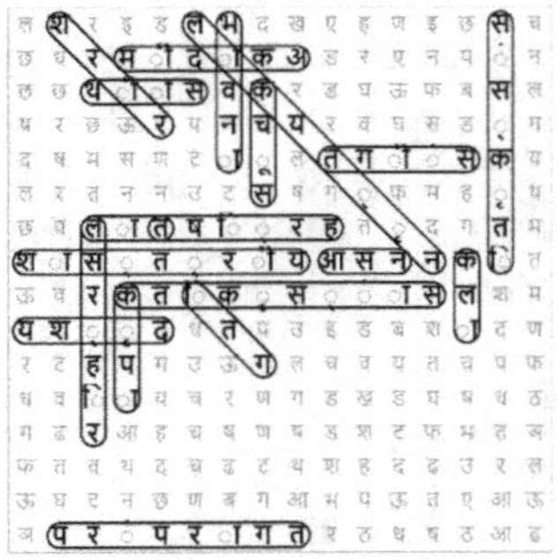

46 - Matemáticas

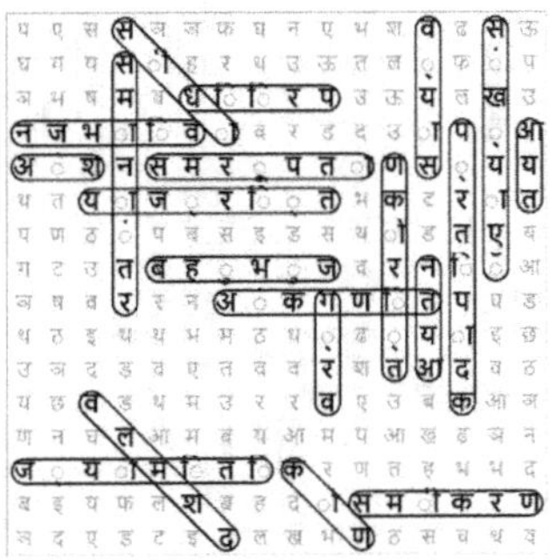

47 - Restaurante #1

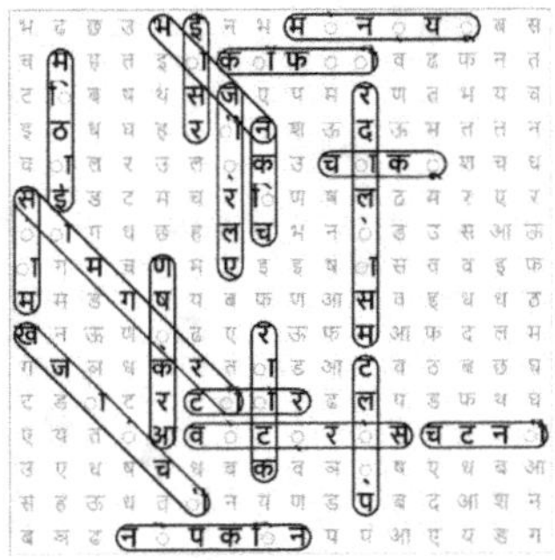

48 - Profesiones #2

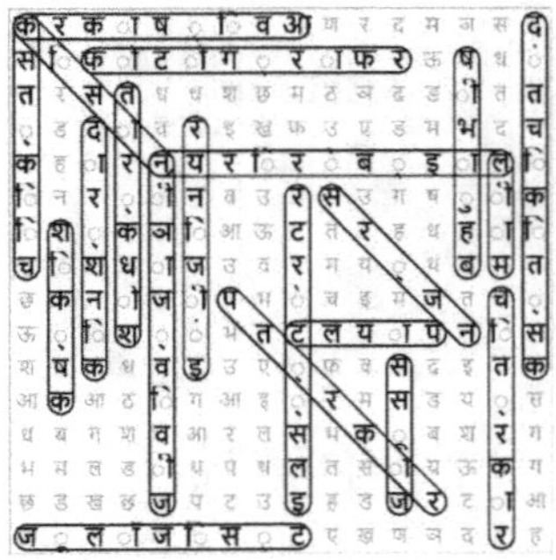

49 - Senderismo

50 - Naturaleza

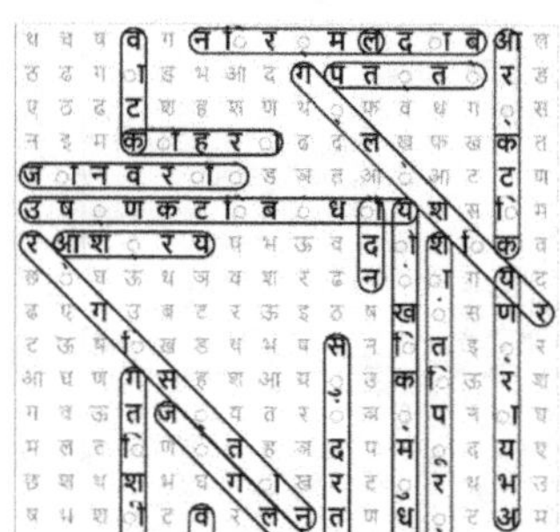

51 - Conduciendo

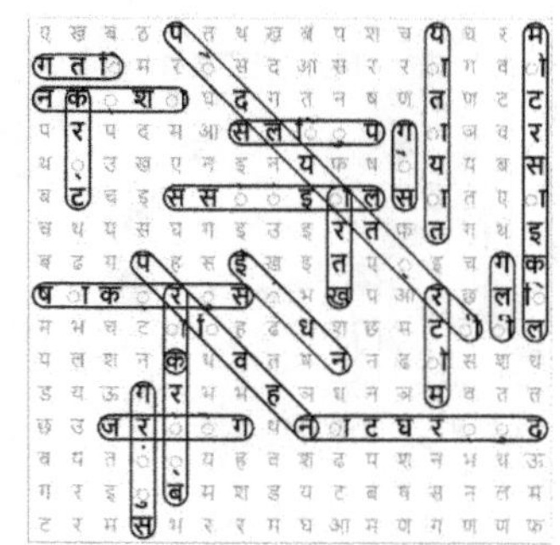

52 - Ballet

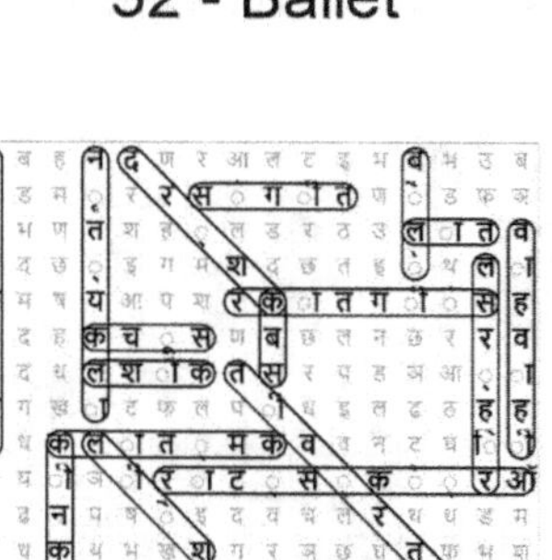

53 - Fuerza y Gravedad

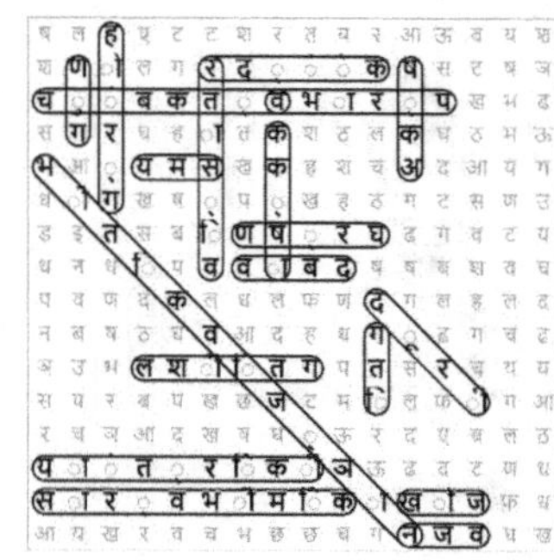

54 - Pájaros

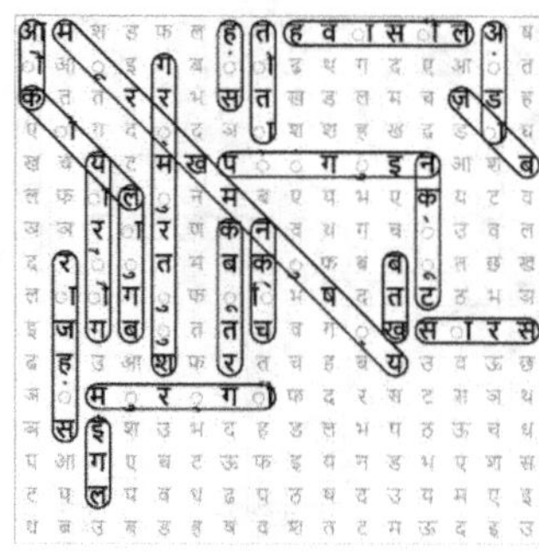

55 - Geografía

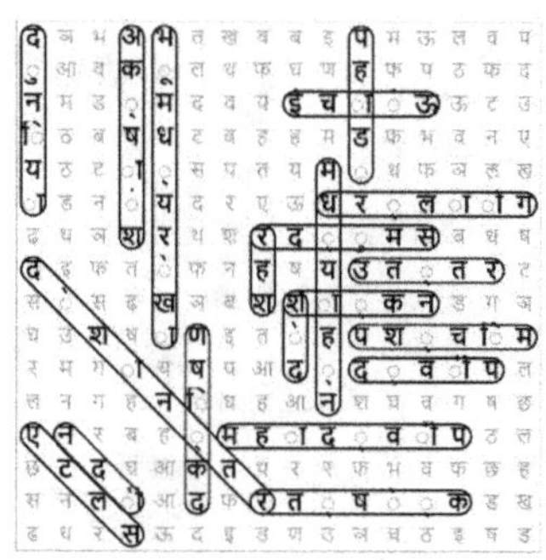

56 - Música

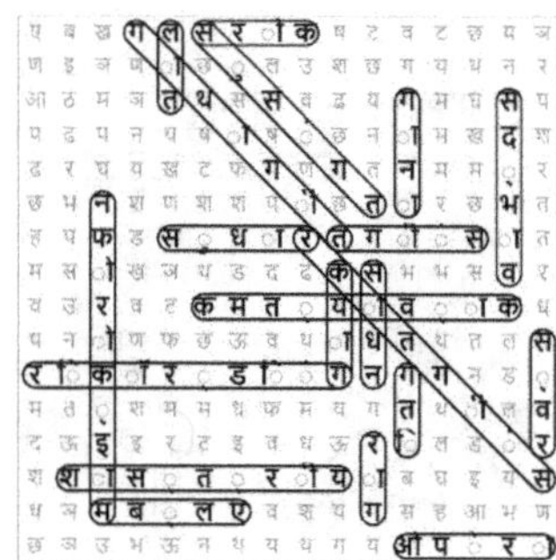

57 - Enfermedad

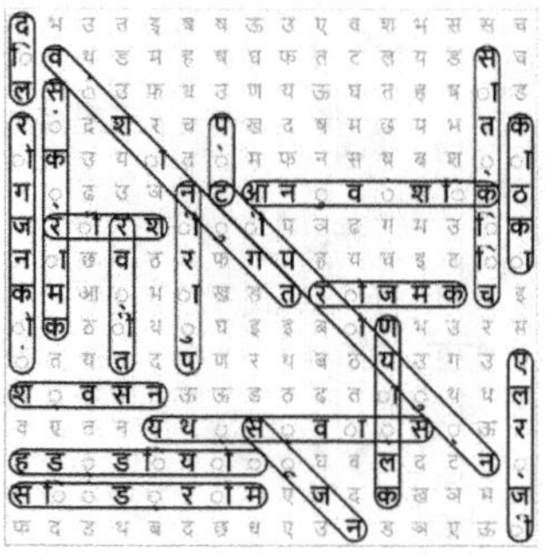

58 - Actividades

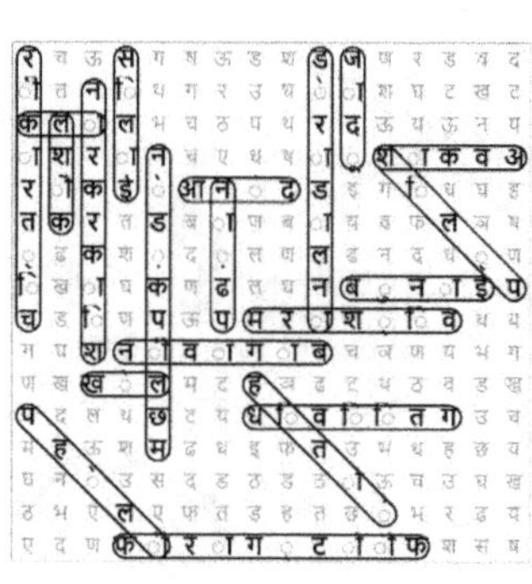

59 - Verduras

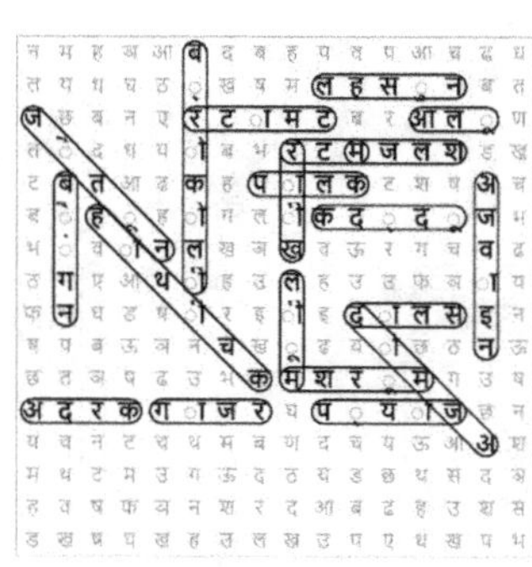

60 - Astronomía

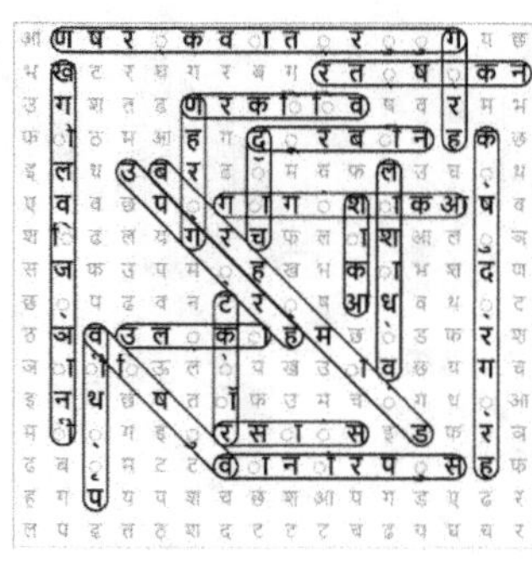

61 - Tiempo

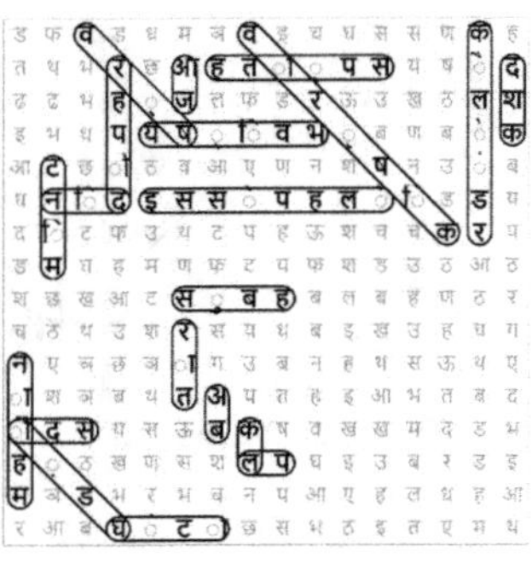

62 - Paisajes

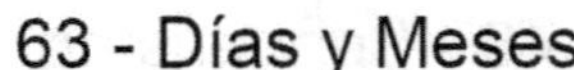

63 - Días y Meses

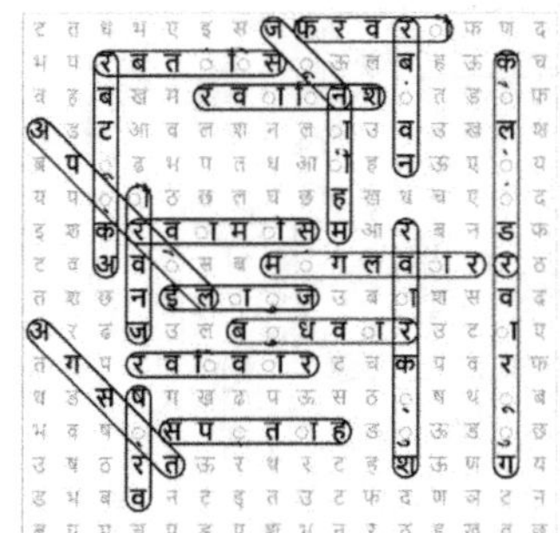

64 - Biología

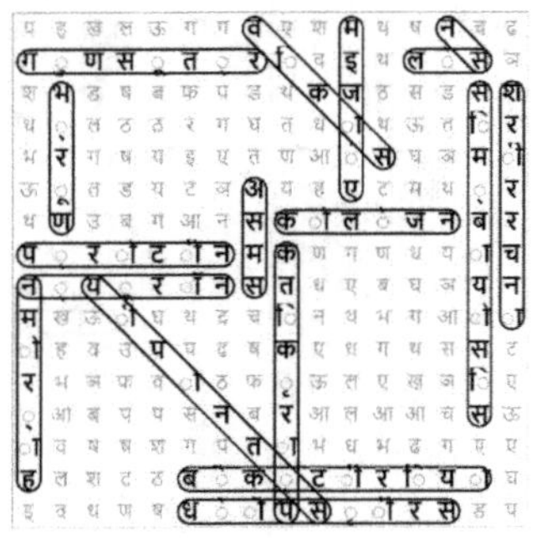

65 - Jardinería

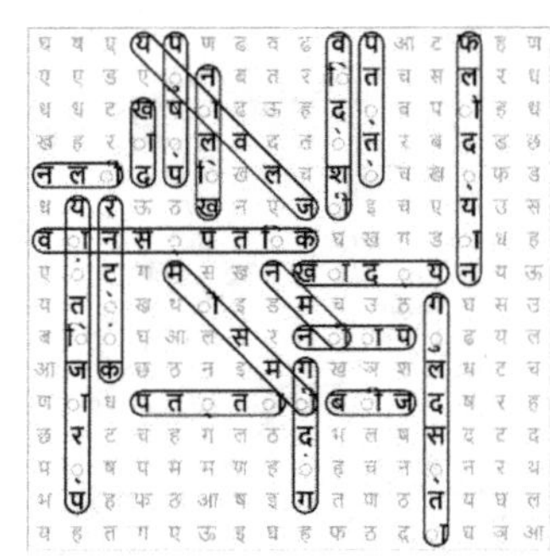

66 - Chocolate

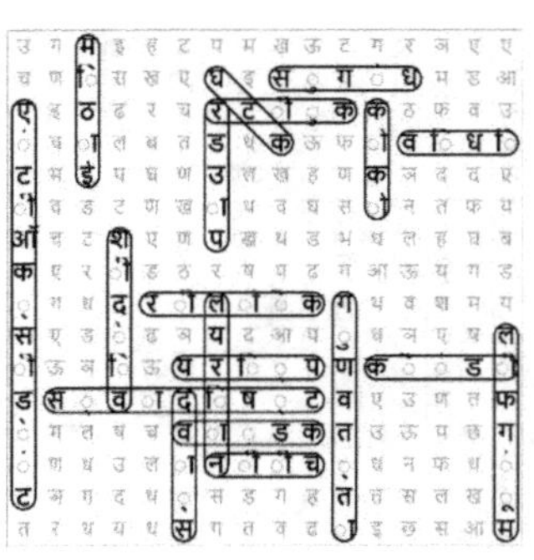

67 - Barbacoas

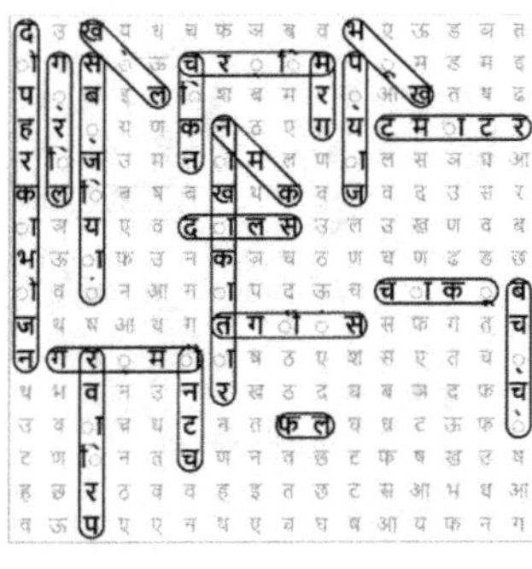

68 - Ropa

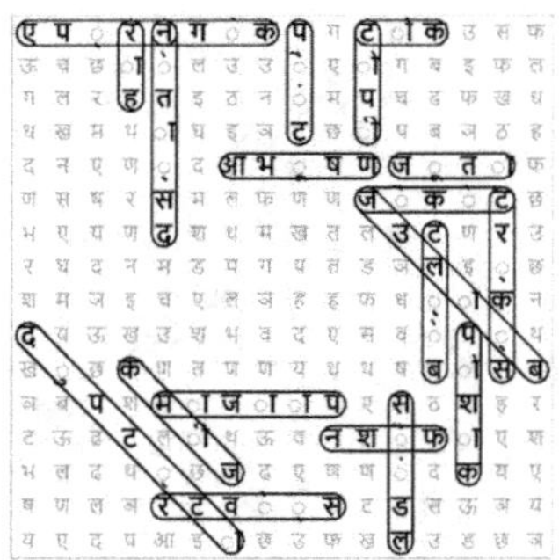

69 - Meditación

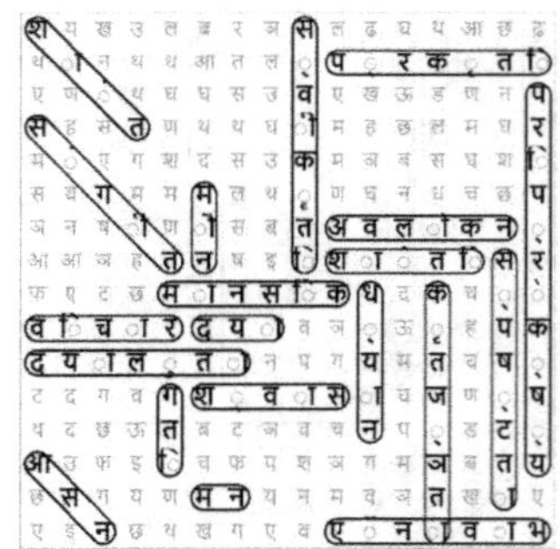

70 - Café

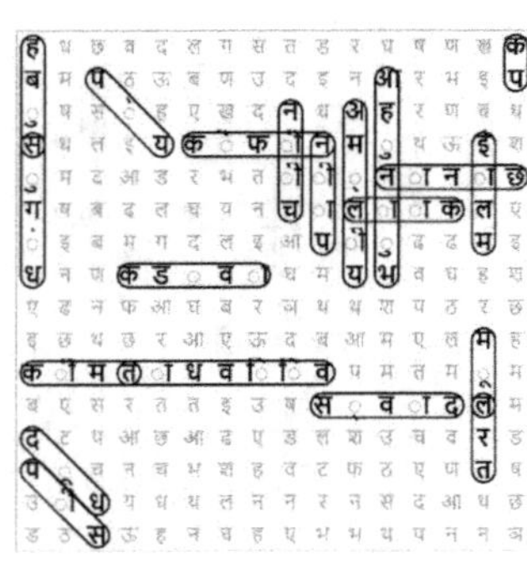

71 - Libros

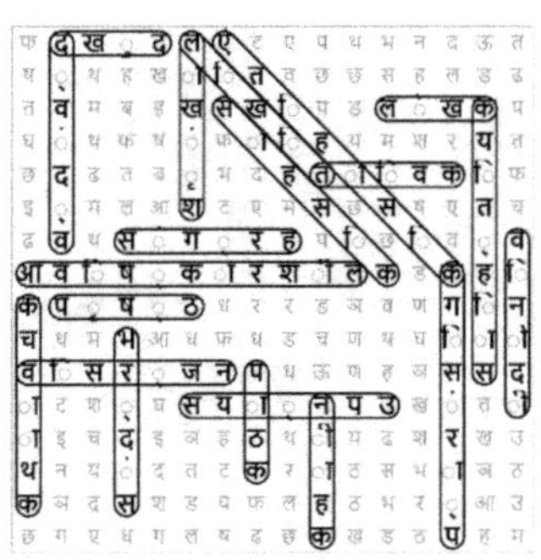

72 - Los Medios de Comunicación

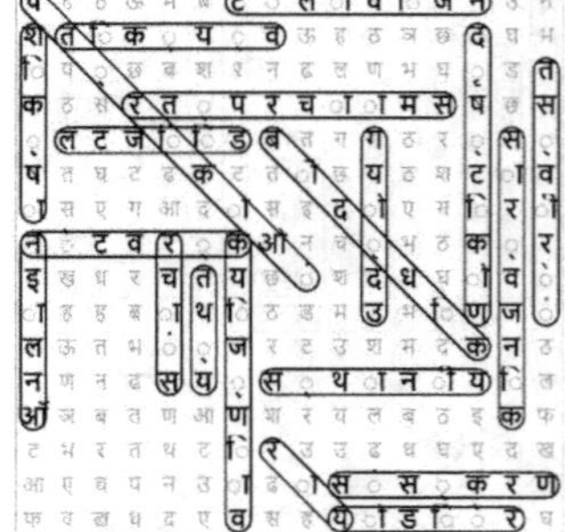

73 - Nutrición

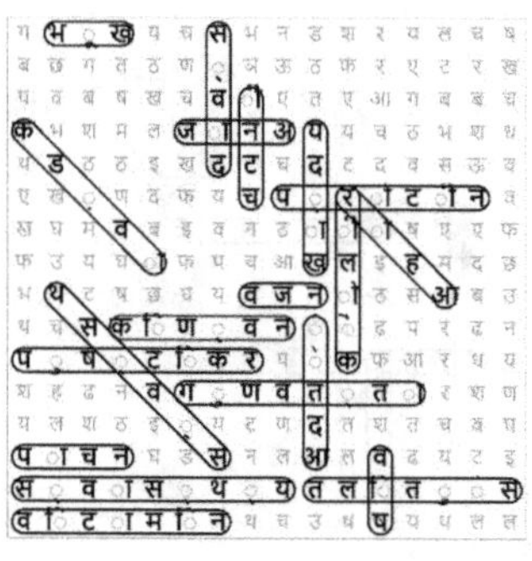

74 - Edificios

75 - Océano

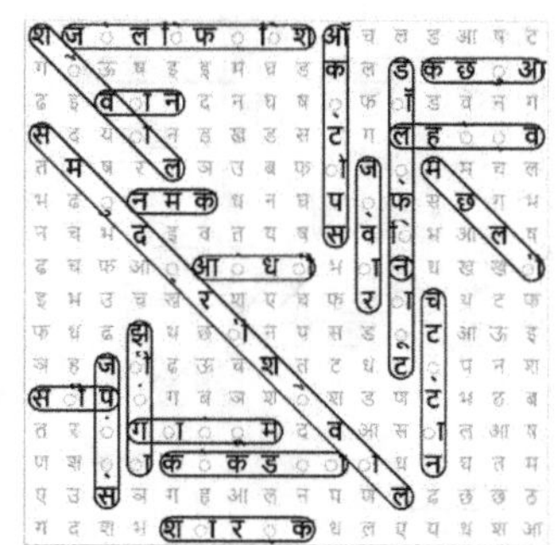

76 - Ciudad

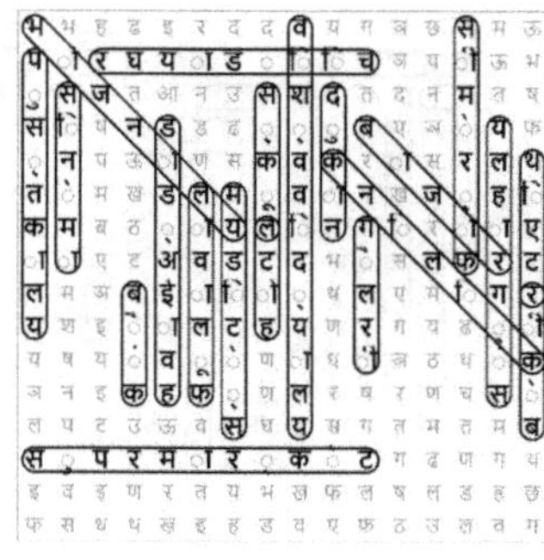

77 - Agronomía

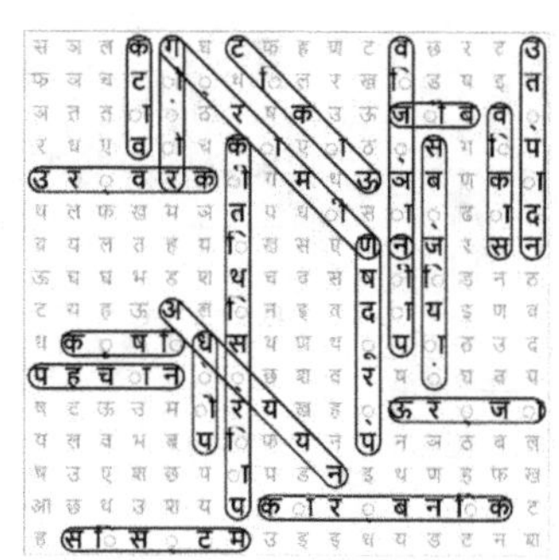

78 - Ingeniería

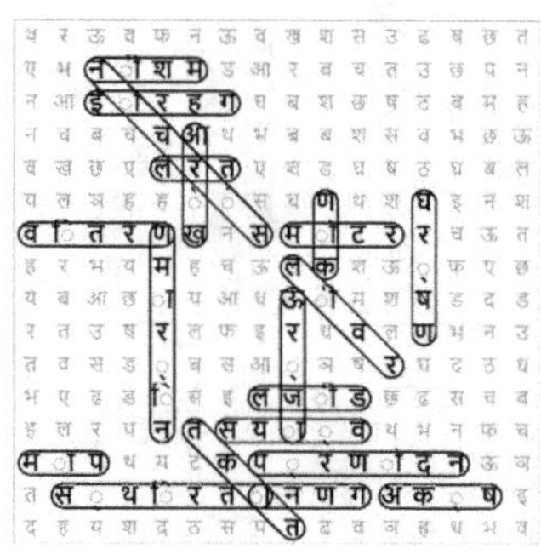

79 - Comida #1

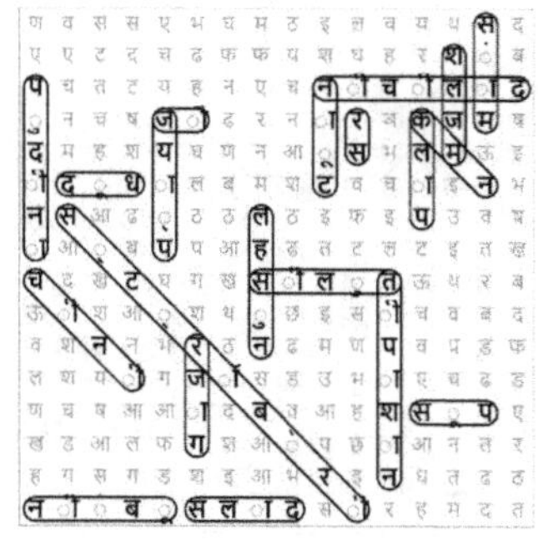

80 - Antigüedades

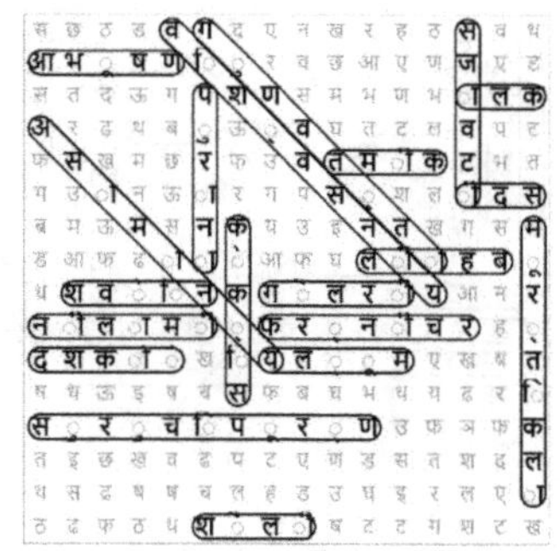

81 - Literatura

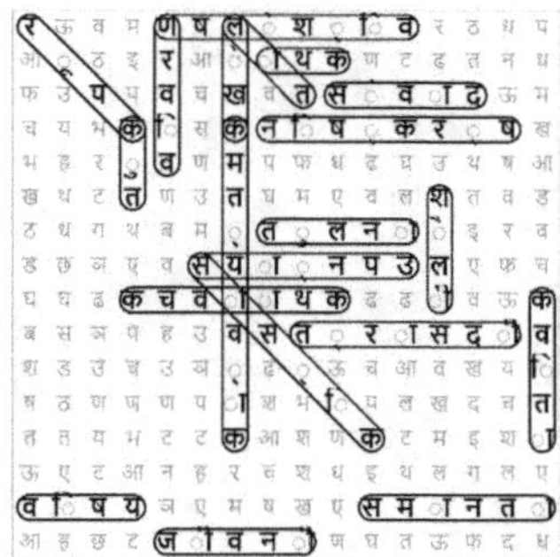

82 - Química

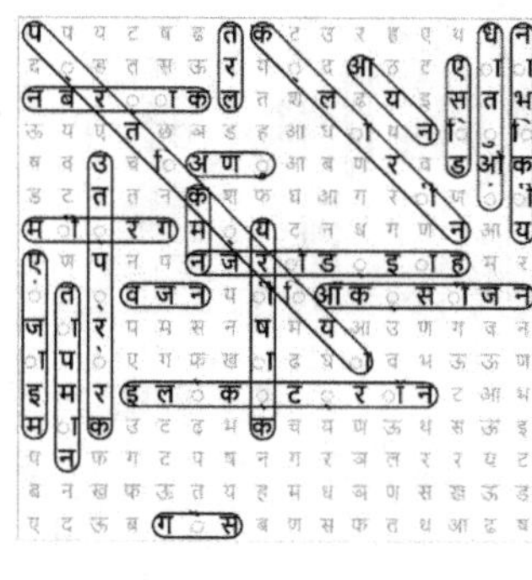

83 - Gobierno

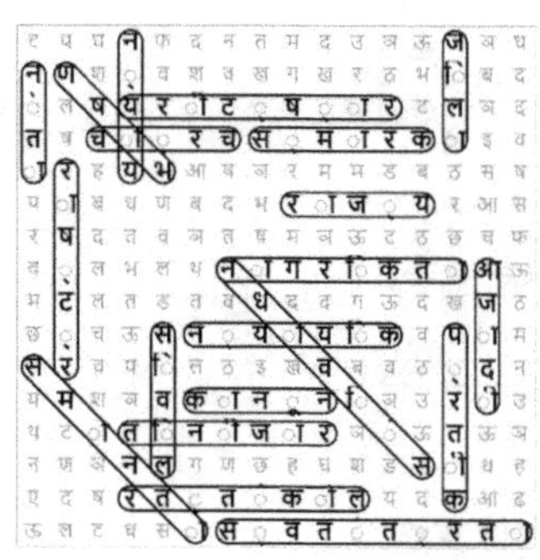

84 - Creatividad

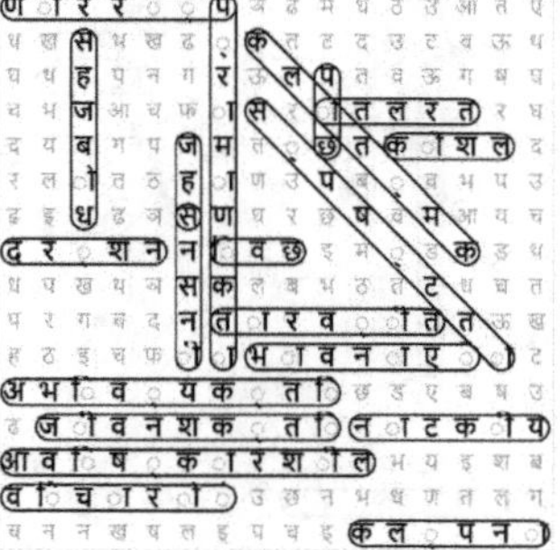

85 - Filantropía

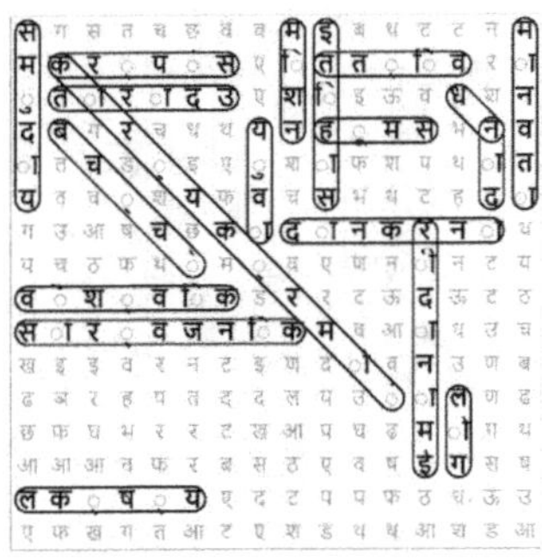

86 - Clima

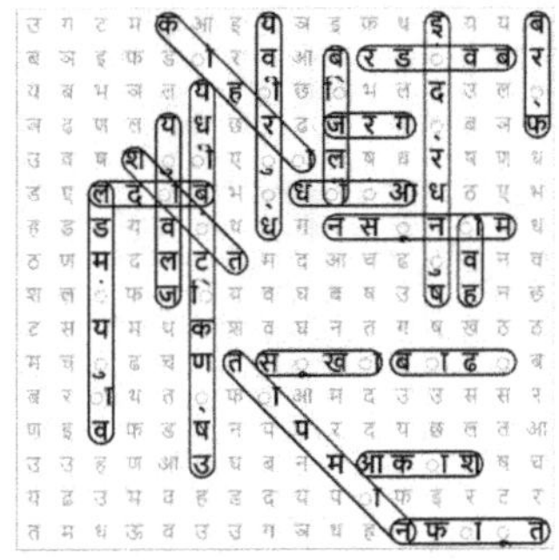

87 - Comida #2

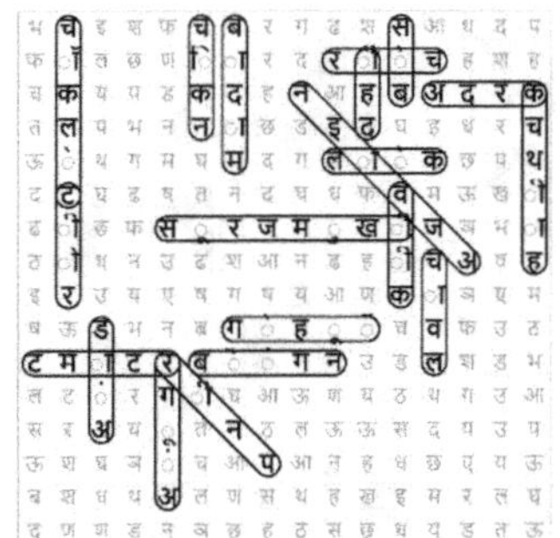

88 - Diplomacia

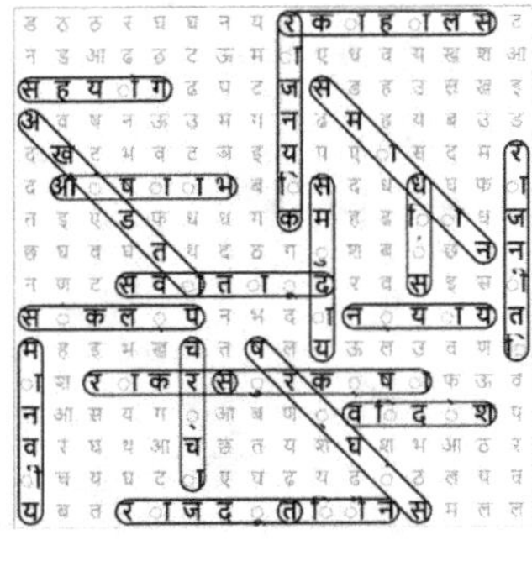

89 - Herboristería

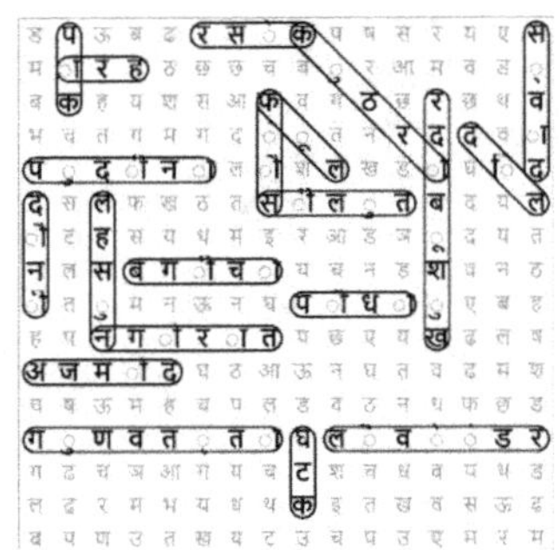

90 - Energía

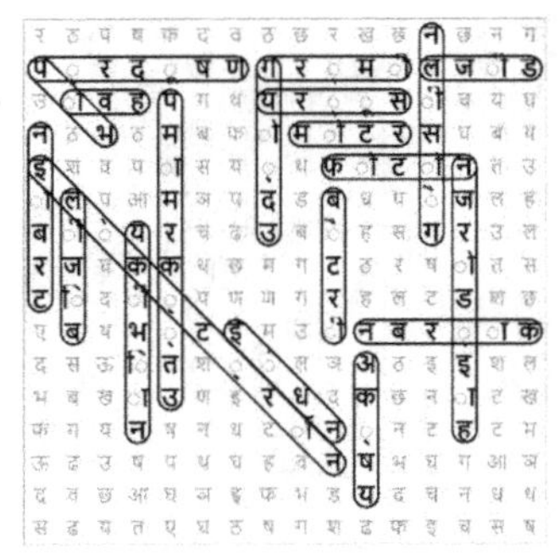

91 - Especias

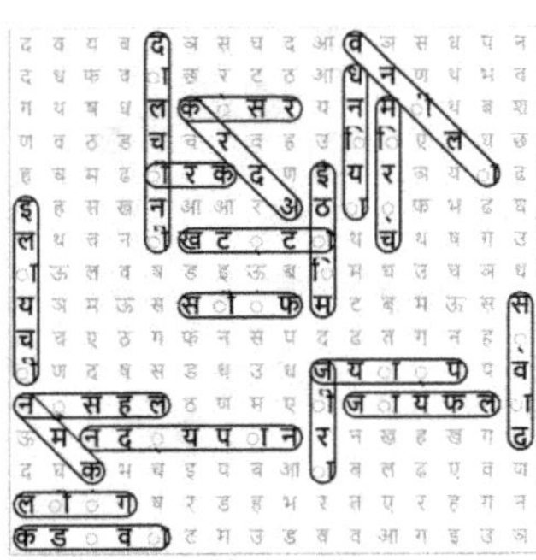

92 - Universo

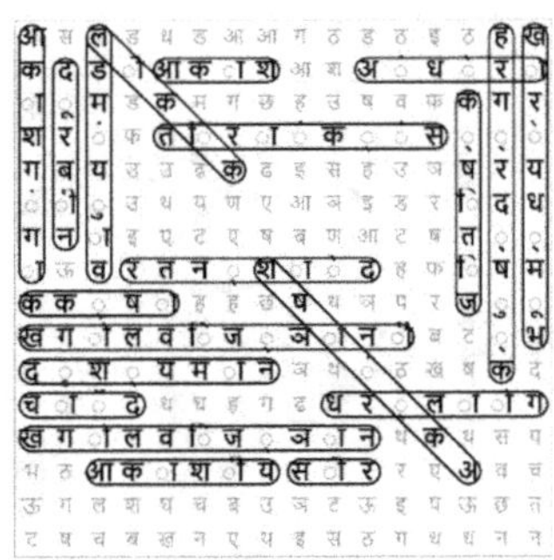

93 - Jazz

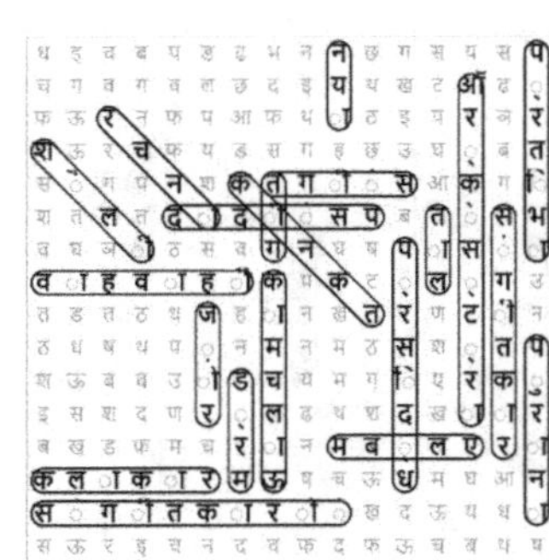

94 - Mediciones

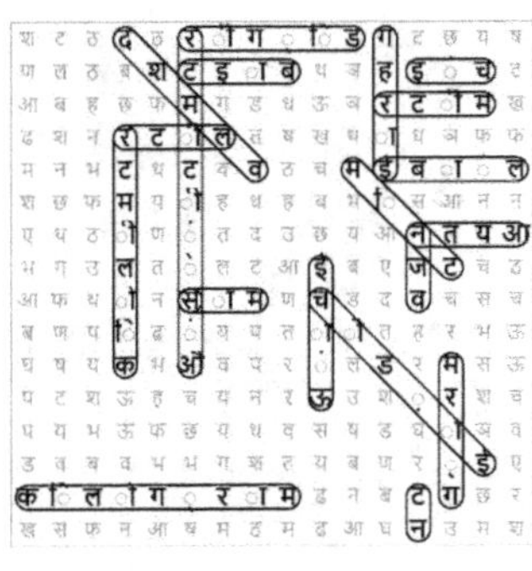

95 - Barcos

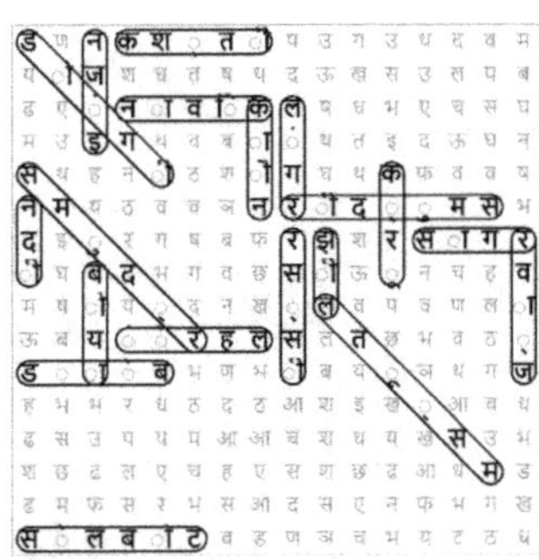

96 - Antártida

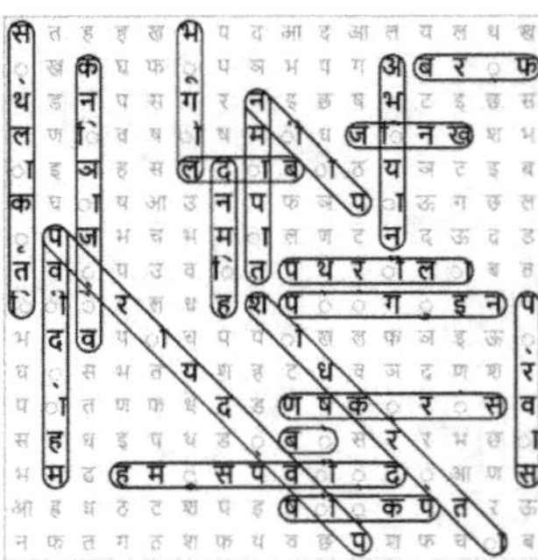

97 - Mamíferos

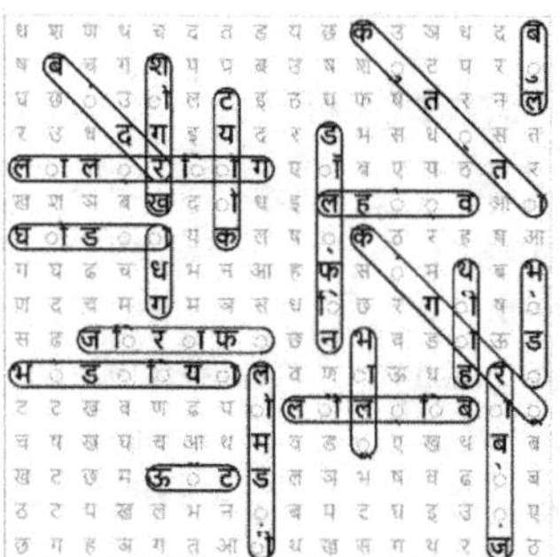

98 - Boxeo

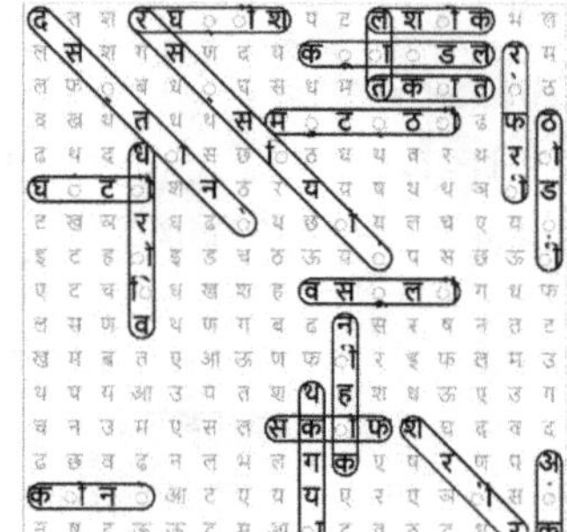

99 - Abejas

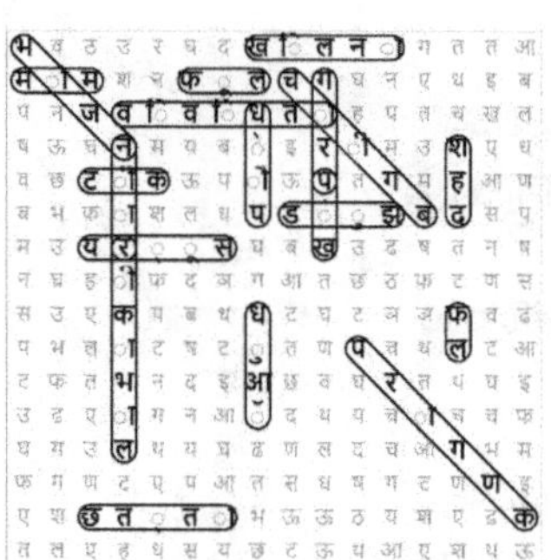

100 - Psicología

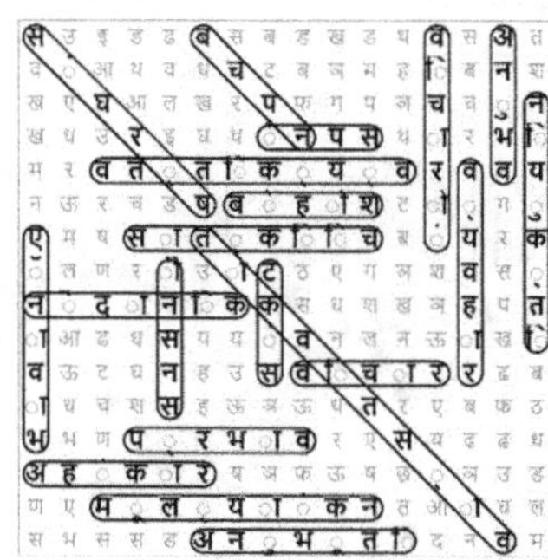

Diccionario

Abejas
मधुमक्खियों

Alas	पंख
Beneficioso	लाभकारी
Cera	मोम
Colmena	छत्ता
Comida	भोजन
Diversidad	विविधिता
Enjambre	झुंड
Flor	खिलना
Flores	फूल
Fruta	फल
Humo	धुआँ
Insecto	कीट
Jardín	बगीचा
Miel	शहद
Plantas	पौधे
Polen	पराग
Polinizador	परागणक
Reina	रानी
Sol	सूर्य

Actividades
गतिविधियाँ

Actividad	गतिविधि
Arte	कला
Artesanía	शिल्प
Camping	डेरा डालना
Caza	शिकार करना
Costura	सिलाई
Fotografía	फोटोग्राफी
Habilidad	कौशल
Intereses	हितों
Jardinería	बागवानी
Juegos	खेल
Lectura	पढ़ना
Magia	जादू
Ocio	अवकाश
Pesca	मछली पकड़ने
Pintura	चित्रकारी
Placer	आनंद
Relajación	विश्राम
Rompecabezas	पहेली
Tejer	बुनाई

Adjetivos #1
विशेषण #1

Absoluto	निरपेक्ष
Activo	सक्रिय
Ambicioso	महत्वाकांक्षी
Aromático	खुशबूदार
Atractivo	आकर्षक
Brillante	उज्ज्वल
Enorme	विशाल
Generoso	उदार
Grande	बड़ा
Honesto	ईमानदार
Importante	महत्वपूर्ण
Inocente	मासूम
Joven	युवा
Lento	धीमा
Moderno	आधुनिक
Oscuro	अंधेरा
Perfecto	उत्तम
Pesado	भारी
Serio	गंभीर
Valioso	मूल्यवान

Adjetivos #2
विशेषण #2

Cansado	थक गया
Comestible	खाद्य
Creativo	रचनात्मक
Descriptivo	वर्णनात्मक
Dramático	नाटकीय
Elegante	सुरुचिपूर्ण
Famoso	प्रसिद्धि
Fresco	ताजा
Fuerte	मजबूत
Interesante	दिलचस्प
Natural	प्राकृतिक
Normal	साधारण
Nuevo	नया
Orgulloso	गर्व
Picante	मसालेदार
Productivo	उत्पादक
Responsable	जिम्मेदार
Salado	नमकीन
Saludable	स्वस्थ
Seco	सूखा

Agronomía
कृषिविज्ञान

Agricultura	कृषि
Agua	पानी
Ciencia	विज्ञान
Contaminación	प्रदूषण
Crecimiento	विकास
Ecología	पारिस्थितिकी
Energía	ऊर्जा
Enfermedades	रोगों
Erosión	कटाव
Estudio	अध्ययन
Fertilizante	उर्वरक
Identificación	पहचान
Orgánico	कार्बनिक
Plantas	पौधे
Producción	उत्पादन
Rural	ग्रामीण
Semillas	बीज
Sistemas	सिस्टम
Sostenible	टिकाऊ
Verduras	सब्जियां

Antártida
अंटार्कटिका

Agua	पानी
Bahía	बे
Científico	वैज्ञानिक
Conservación	संरक्षण
Continente	महाद्वीप
Expedición	अभियान
Geografía	भूगोल
Glaciares	हिमनद
Hielo	बर्फ
Investigador	शोधकर्ता
Islas	द्वीप समूह
Migración	प्रवास
Minerales	खनिज
Nubes	बादल
Pájaros	पक्षी
Península	प्रायद्वीप
Pingüinos	पेंगुइन
Rocoso	पथरीला
Temperatura	तापमान
Topografía	स्थलाकृति

Antigüedades
प्राचीन वस्तुएँ

Arte	कला
Auténtico	वश्विसनीय
Calidad	गुणवत्ता
Decorativo	सजावटी
Décadas	दशकों
Elegante	सुरुचपूिर्ण
Escultura	मूर्तकिला
Estilo	शैली
Galería	गैलरी
Inusual	असामान्य
Inversión	नविश
Joyas	आभूषण
Monedas	सक्किे
Mueble	फर्नीचर
Precio	कीमत
Restauración	बहाली
Siglo	सदी
Subasta	नीलामी
Valor	मूल्य
Viejo	पुराना

Arqueología
पुरातत्त्व

Análisis	वश्लिेषण
Antigüedad	पुरातनता
Años	साल
Civilización	सभ्यता
Descendiente	वंशज
Desconocido	अनजान
Equipo	टीम
Era	युग
Evaluación	मूल्यांकन
Experto	वशिषज्ञ
Fósil	जीवाश्म
Fragmentos	टुकड़े
Huesos	हड्डयिाँ
Investigador	शोधकर्ता
Misterio	रहस्य
Objetos	वस्तुओं
Olvidado	भुला दयिा
Reliquia	अवशेष
Templo	मंदरि
Tumba	मकबरे

Astronomía
खगोल वद्यिा

Asteroide	क्षुद्रग्रह
Astrónomo	खगोल वज्ञिानी
Cielo	आकाश
Cohete	रॉकेट
Constelación	नक्षत्र
Cosmos	ब्रह्मांड
Eclipse	ग्रहण
Equinoccio	वषिुव
Galaxia	आकाशगंगा
Gravedad	गुरुत्वाकर्षण
Luna	चाँद
Meteoro	उल्का
Observatorio	वेधशाला
Planeta	ग्रह
Radiación	वकिरिण
Satélite	उपग्रह
Supernova	सुपरनोवा
Telescopio	दूरबीन
Tierra	पृथ्वी
Universo	संसार

Aviones
हवाई जहाज

Aire	वायु
Altura	ऊंचाई
Aterrizaje	अवतरण
Atmósfera	वायुमंडल
Aventura	साहसकि
Cielo	आकाश
Clima	मौसम
Combustible	ईंधन
Construcción	नर्मिाण
Dirección	दशिा
Diseño	डजिाइन
Globo	गुब्बारा
Hidrógeno	हाइड्रोजन
Historia	इतहिास
Motor	इंजन
Navegar	नेवगिेट
Pasajero	यात्री
Piloto	पायलट
Tripulación	क्रू
Turbulencia	अशांतति

Álgebra
बीजगणति

Cantidad	मात्रा
Cero	शून्य
Diagrama	आरेख
División	वभिाजन
Ecuación	समीकरण
Exponente	प्रतपिादक
Factor	कारक
Falso	झूठा
Fórmula	सूत्र
Fracción	अंश
Gráfico	ग्राफ
Infinito	अनंत
Lineal	रेखीय
Matriz	मैट्रक्सि
Número	संख्या
Paréntesis	कोष्ठक
Problema	संकट
Resta	घटाव
Solución	समाधान
Variable	चर

Baile
नृत्य

Academia	अकादमी
Alegre	हर्षति
Arte	कला
Clásico	शास्त्रीय
Coreografía	नृत्यकला
Cuerpo	शरीर
Cultura	संस्कृति
Cultural	सांस्कृतकि
Emoción	भावना
Ensayo	रहिर्सल
Expresivo	सूचक
Gracia	कृपा
Movimiento	गति
Música	संगीत
Postura	आसन
Ritmo	ताल
Socio	साथी
Tradicional	परंपरागत
Visual	दृश्य

Ballet
बैले

Aplauso	वाहवाही
Artístico	कलात्मक
Audiencia	दर्शक
Bailarina	बैले
Bailarines	नर्तकियों
Compositor	संगीतकार
Coreografía	नृत्यकला
Ensayo	रहिर्सल
Estilo	शैली
Expresivo	सूचक
Gesto	इशारा
Habilidad	कौशल
Intensidad	तीव्रता
Lecciones	सबक
Músculos	मांसपेशियों
Música	संगीत
Orquesta	ऑर्केस्ट्रा
Práctica	अभ्यास
Ritmo	ताल
Técnica	तकनीक

Barbacoas
बारबेक्यू

Almuerzo	दोपहर का भोजन
Caliente	गरम
Cebollas	प्याज
Cena	रात का खाना
Cuchillos	चाकू
Ensaladas	सलाद
Familia	परविार
Fruta	फल
Hambre	भूख
Juegos	खेल
Música	संगीत
Niños	बच्चे
Parrilla	ग्रलि
Pimienta	मर्चि
Pollo	चकिन
Sal	नमक
Salsa	चटनी
Tomates	टमाटर
Verano	गर्मी
Verduras	सब्जयिां

Barcos
नौकाएँ

Ancla	लंगर
Balsa	बेड़ा
Boya	बोया
Canoa	डोंगी
Cuerda	रस्सी
Kayak	कश्ती
Lago	झील
Mar	समुद्र
Marea	ज्वार
Marinero	नावकि
Mástil	मस्तूल
Motor	इंजन
Náutico	समुद्री
Océano	सागर
Olas	लहरें
Río	नदी
Tripulación	क्रू
Velero	सेलबोट
Yate	नौका

Belleza
ब्यूटी

Aceites	तेल
Champú	शैम्पू
Color	रंग
Elegancia	लालत्यि
Elegante	सुरुचपूिर्ण
Encanto	आकर्षण
Espejo	दर्पण
Estilista	स्टाइलस्टि
Fotogénico	फोटोजेनकि
Fragancia	खुशबू
Gracia	कृपा
Maquillaje	मेकअप
Piel	त्वचा
Pintalabios	लपिस्टकि
Productos	उत्पादों
Rizos	कर्ल
Rímel	काजल
Servicios	सेवा
Suave	चकिना
Tijeras	कैंची

Biología
जीववज्ञिान

Anatomía	शरीर रचना
Bacterias	बैक्टीरयिा
Celda	सेल
Colágeno	कोलेजन
Cromosoma	गुणसूत्र
Embrión	भ्रूण
Enzima	एंजाइम
Evolución	वकिास
Hormona	हार्मोन
Mamífero	स्तनपायी
Mutación	उत्परविर्तन
Natural	प्राकृतकि
Nervio	नस
Neurona	न्यूरॉन
Ósmosis	असमस
Plantas	पौधे
Proteína	प्रोटीन
Reptil	सरीसृप
Simbiosis	सम्बिायोससि
Sinapsis	अन्तर्ग्रथन

Boxeo
मुक्केबाज़ी

Árbitro	रेफरी
Barbilla	ठोड़ी
Campana	घंटी
Centrar	फोकस
Codo	कोहनी
Cuerdas	रस्सयिों
Cuerpo	शरीर
Esquina	कोने
Exhausto	थक गया
Fuerza	ताकत
Guantes	दस्ताने
Habilidad	कौशल
Luchador	लड़ाकू
Oponente	वरोिधी
Patear	लात
Puntos	अंक
Puño	मुट्ठी
Rápido	शीघ्र
Recuperación	वसूली

Café
कॉफ़ी

Agua	पानी
Amargo	कड़वा
Aroma	सुगंध
Asado	भुना हुआ
Azúcar	चीनी
Ácido	अम्लीय
Bebida	पेय
Cafeína	कैफीन
Crema	मलाई
Filtro	छानना
Leche	दूध
Líquido	तरल
Mañana	सुबह
Moler	पीस
Negro	काला
Origen	मूल
Precio	कीमत
Sabor	स्वाद
Taza	कप
Variedad	ववििधिता

Calentamiento Global
ग्लोबल वॉर्मगि

Ahora	अब
Ambiental	पर्यावरण
Atención	ध्यान
Ártico	आर्कटकि
Científico	वैज्ञानकि
Clima	जलवायु
Consecuencias	परणािम
Crisis	संकट
Datos	डेटा
Desarrollo	वकिास
Energía	ऊर्जा
Futuro	भवष्यि
Gas	गैस
Generaciones	पीढ़यिाँ
Gobierno	सरकार
Industria	उद्योग
Legislación	वधिान
Poblaciones	आबादी
Significativo	सार्थक
Temperaturas	तापमान

Camping
कैम्पगि

Animales	जानवरों
Aventura	साहसकि
Árboles	पेड़
Bosque	वन
Brújula	दक्सिूचक
Cabina	केबनि
Canoa	डोंगी
Caza	शकिार करना
Cuerda	रस्सी
Equipo	उपकरण
Fuego	आग
Hamaca	झूला
Insecto	कीट
Lago	झील
Linterna	लालटेन
Luna	चाँद
Mapa	नक्शा
Montaña	पहाड़
Naturaleza	प्रकृत
Sombrero	टोपी

Casa
हाउस

Alfombra	गलीचा
Ático	अटारी
Biblioteca	पुस्तकालय
Chimenea	चमिनी
Cocina	रसोई
Dormitorio	शयनकक्ष
Ducha	बौछार
Escoba	झाड़ू
Espejo	दर्पण
Garaje	गैरेज
Grifo	नल
Jardín	बगीचा
Lámpara	दीपक
Pared	दीवार
Piso	तल
Puerta	दरवाजा
Sótano	तहखाना
Techo	छत
Valla	बाड़
Ventana	खड़िकी

Chocolate
चॉकलेट

Amargo	कड़वा
Antioxidante	एंटीऑक्सीडेंट
Aroma	सुगंध
Artesanal	कुटीर
Azúcar	चीनी
Cacahuetes	मूंगफली
Cacao	कोको
Calidad	गुणवत्ता
Calorías	कैलोरी
Caramelo	कैंडी
Coco	नारयिल
Delicioso	स्वादष्टि
Dulce	मठिाई
Exótico	वदिेशी
Favorito	प्रयि
Gusto	स्वाद
Ingrediente	घटक
Polvo	पाउडर
Receta	वधिि

Ciencia
वज्ञिान

Átomo	परमाणु
Científico	वैज्ञानकि
Clima	जलवायु
Datos	डेटा
Evolución	वकिास
Experimento	प्रयोग
Física	भौतकि वज्ञिान
Fósil	जीवाश्म
Gravedad	गुरुत्वाकर्षण
Hecho	तथ्य
Hipótesis	परकिल्पना
Laboratorio	प्रयोगशाला
Método	तरीका
Minerales	खनजि
Moléculas	अणुओं
Naturaleza	प्रकृत
Organismo	जीव
Partículas	कण
Plantas	पौधे
Químico	रासायनकि

Ciencia Ficción
कल्पति वज्ञिान

Atómico	परमाणु
Cine	सनिमा
Distante	दूर
Explosión	वस्फिोट
Extremo	चरम
Fantástico	शानदार
Fuego	आग
Futurista	फ्यूचरस्टिकि
Galaxia	आकाशगंगा
Ilusión	भ्रम
Imaginario	काल्पनकि
Libros	पुस्तकें
Misterioso	रहस्यमय
Mundo	दुनयिा
Oráculo	आकाशवाणी
Planeta	ग्रह
Realista	यथार्थवादी
Robots	रोबोट
Tecnología	प्रौद्योगकिी
Utopía	आदर्शलोक

Ciudad
नगर

Aeropuerto	हवाई अड्डा
Banco	बैंक
Biblioteca	पुस्तकालय
Cine	सनिमा
Clínica	क्लनिकि
Escuela	स्कूल
Estadio	स्टेडयिम
Farmacia	फार्मेसी
Florista	फूलवाला
Galería	गैलरी
Hotel	होटल
Mercado	बाजार
Museo	संग्रहालय
Panadería	बेकरी
Restaurante	भोजनालय
Supermercado	सुपरमार्केट
Teatro	थएिटर
Tienda	दुकान
Universidad	वश्विवद्यािलय
Zoo	चड़ियिाघर

Clima
मौसम

Arco Iris	इंद्रधनुष
Atmósfera	वायुमंडल
Calma	शांत
Cielo	आकाश
Clima	जलवायु
Hielo	बर्फ
Huracán	तूफान
Inundación	बाढ़
Monzón	मानसून
Niebla	कोहरा
Nube	बादल
Polar	ध्रुवीय
Rayo	बजिली
Seco	सूखा
Temperatura	तापमान
Tormenta	आंधी
Tornado	बवंडर
Tropical	उष्णकटबिंधीय
Trueno	गरज
Viento	हवा

Cocina
कचि‍न

Caldera	केतली
Comida	भोजन
Congelador	फ्रीजर
Cucharas	चम्मच
Cucharón	करछुल
Cuchillos	चाकू
Delantal	एप्रन
Especias	मसाले
Esponja	स्पंज
Horno	ओवन
Jarra	जग
Palillos	चीनी काँटा
Parrilla	ग्रलि
Receta	वधिि
Refrigerador	फ्रजि
Servilleta	नैपकनि
Tazas	कप
Tazón	कटोरा
Tenedores	कांटे

Comida #1
खाना #1

Ajo	लहसुन
Albahaca	तुलसी
Atún	टूना
Azúcar	चीनी
Canela	दालचीनी
Carne	मांस
Cebada	जौ
Cebolla	प्याज
Ensalada	सलाद
Espinacas	पालक
Fresa	स्ट्रॉबेरी
Jugo	रस
Leche	दूध
Limón	नींबू
Menta	पुदीना
Nabo	शलजम
Pera	नाशपाती
Sal	नमक
Sopa	सूप
Zanahoria	गाजर

Comida #2
खाना #2

Alcachofa	हाथी चक
Almendra	बादाम
Apio	अजवाइन
Arroz	चावल
Berenjena	बैंगन
Cereza	चेरी
Chocolate	चॉकलेट
Girasol	सूरजमुखी
Huevo	अंडा
Jengibre	अदरक
Kiwi	कीवी
Manzana	सेब
Pan	रोटी
Plátano	केला
Pollo	चकिन
Queso	पनीर
Tomate	टमाटर
Trigo	गेहूँ
Uva	अंगूर
Yogur	दही

Competencias Laborales
नौकरी कौशल

Adaptable	अनुकूलनीय
Amistoso	अनुकूल
Atento	चौकस
Auténtico	वशि्वसनीय
Carismático	करशि्माई
Comunicación	संचार
Cooperativa	सहकारी
Creativo	रचनात्मक
Dedicado	समर्पति
Eficaz	प्रभावी
Experimentado	अनुभवी
Fiable	भरोसेमंद
Gestión	प्रबंधन
Independiente	स्वतंत्र
Liderazgo	नेतृत्व
Organizado	संगठति
Preparado	तैयार
Respetuoso	वनिीत
Responsable	जमि्मेदार

Conduciendo
ड्राइवगि

Accidente	दुर्घटना
Calle	गली
Camión	ट्रक
Coche	कार
Combustible	ईंधन
Frenos	ब्रेक
Garaje	गैरेज
Gas	गैस
Licencia	लाइसेंस
Mapa	नक्शा
Motocicleta	मोटरसाइकलि
Motor	मोटर
Peatonal	पैदल यात्री
Peligro	खतरा
Policía	पुलसि
Seguridad	सुरक्षा
Transporte	परविहन
Tráfico	यातायात
Túnel	सुरंग
Velocidad	गत‌ि

Creatividad
क्रएिटवििटी

Artístico	कलात्मक
Autenticidad	प्रामाणकिता
Claridad	स्पष्टता
Dramático	नाटकीय
Emociones	भावनाएँ
Espontáneo	सहज
Expresión	अभव्यिक्त‌ि
Fluidez	तरलता
Habilidad	कौशल
Ideas	वचिारों
Imagen	छव‌ि
Imaginación	कल्पना
Impresión	छाप
Inspiración	प्रेरणा
Intensidad	तीव्रता
Intuición	सहज बोध
Inventivo	आवष्कािरशील
Sensación	सनसनी
Visiones	दर्शन
Vitalidad	जीवन शक्त‌ि

Cuerpo Humano
मानव शरीर

Barbilla	ठोड़ी
Boca	मुँह
Cabeza	सरि
Cara	चेहरा
Cerebro	दमिाग
Codo	कोहनी
Corazón	दलि
Cuello	गर्दन
Dedo	उंगली
Hombro	कंधा
Lengua	जीभ
Mano	हाथ
Nariz	नाक
Ojo	आंख
Oreja	कान
Piel	त्वचा
Pierna	टांग
Rodilla	घुटना
Sangre	रक्त
Tobillo	टखने

Diplomacia
कूटनीत‌ि

Asesor	सलाहकार
Comunidad	समुदाय
Conflicto	संघर्ष
Cooperación	सहयोग
Diplomático	राजनयकि
Discusión	चर्चा
Embajada	दूतावास
Embajador	राजदूत
Extranjero	वदिेश
Ética	नीत‌ि
Gobierno	सरकार
Humanitario	मानवीय
Idiomas	भाषाओं
Integridad	अखंडता
Justicia	न्याय
Política	राजनीत‌ि
Resolución	संकल्प
Seguridad	सुरक्षा
Solución	समाधान
Tratado	संध‌ि

Disciplinas Científicas
वैज्ञानकि अनुशासन

Anatomía	शरीर रचना
Arqueología	पुरातत्व
Astronomía	खगोल वज्ञिान
Biología	जीववज्ञिान
Bioquímica	जीव रसायन
Ecología	पारस्थितिकिी
Fisiología	फजियिोलॉजी
Física	भौतकि वज्ञिान
Geología	भूवज्ञिान
Inmunología	इम्यूनोलॉजी
Lingüística	भाषावज्ञिान
Mecánica	यांत्रकिी
Meteorología	मौसम वज्ञिान
Mineralogía	खनजि वद्यिा
Nutrición	पोषण
Psicología	मनोवज्ञिान
Química	रसायन वज्ञिान
Robótica	रोबोटक्सि
Sociología	समाज शास्त्र
Termodinámica	ऊष्मप्रवैगकिी

Días y Meses
दनि और महीने

Abril	अप्रैल
Agosto	अगस्त
Año	वर्ष
Calendario	कैलेंडर
Domingo	रववािर
Enero	जनवरी
Febrero	फरवरी
Jueves	गुरूवार
Julio	जुलाई
Junio	जून
Lunes	सोमवार
Martes	मंगलवार
Mes	महीना
Miércoles	बुधवार
Noviembre	नवंबर
Octubre	अक्टूबर
Sábado	शनविार
Semana	सप्ताह
Septiembre	सतिंबर
Viernes	शुक्रवार

Edificios
इमारतें

Albergue	छात्रावास
Apartamento	अपार्टमेंट
Castillo	कलिा
Cine	सनिमा
Embajada	दूतावास
Escuela	स्कूल
Estadio	स्टेडयिम
Fábrica	फैक्टरी
Garaje	गैरेज
Granero	खलहिान
Granja	खेत
Hospital	अस्पताल
Hotel	होटल
Laboratorio	प्रयोगशाला
Museo	संग्रहालय
Observatorio	वेधशाला
Supermercado	सुपरमार्केट
Teatro	थएिटर
Torre	मीनार
Universidad	वशि्ववद्यालय

Electricidad
बजिली

Almacenamiento	भंडारण
Batería	बैटरी
Bombilla	बल्ब
Cable	केबल
Cables	तारों
Cantidad	मात्रा
Electricista	बजिली कारीगर
Eléctrico	बजिली
Enchufe	सॉकेट
Equipo	उपकरण
Generador	जनक
Imán	चुंबक
Lámpara	दीपक
Láser	लेजर
Negativo	नकारात्मक
Objetos	वस्तुओं
Positivo	सकारात्मक
Red	नेटवर्क
Televisión	टेलीवजिन
Teléfono	टेलीफोन

Energía
ऊर्जा

Batería	बैटरी
Calor	गर्मी
Carbono	कार्बन
Combustible	ईंधन
Contaminación	प्रदूषण
Diesel	डीजल
Electrón	इलेक्ट्रॉन
Eléctrico	बजिली
Entropía	उत्क्रम-माप
Fotón	फोटोन
Gasolina	गैसोलीन
Hidrógeno	हाइड्रोजन
Industria	उद्योग
Motor	मोटर
Nuclear	नाभकिीय
Renovable	अक्षय
Sol	सूर्य
Turbina	टरबाइन
Vapor	भाप
Viento	हवा

Enfermedad
रोग

Abdominal	पेट
Agudo	तीव्र
Alergias	एलर्जी
Bienestar	कल्याण
Contagioso	संक्रामक
Corazón	दलि
Crónica	पुरानी
Cuerpo	शरीर
Débil	कमजोर
Genético	आनुवंशकि
Hereditario	वंशानुगत
Huesos	हड्डयिों
Inflamación	सूजन
Lumbar	काठ का
Neuropatía	न्युरोपटी
Patógenos	रोगजनकों
Respiratorio	श्वसन
Salud	स्वास्थ्य
Síndrome	सड्रिोम
Terapia	चकित्सि़ा

Especias
मसाले

Agrio	खट्टा
Ajo	लहसुन
Amargo	कड़वा
Azafrán	केसर
Canela	दालचीनी
Cardamomo	इलायची
Cebolla	प्याज
Cilantro	धनयिा
Clavo	लौंग
Comino	जीरा
Curry	करी
Dulce	मठिाई
Hinojo	सौंफ
Jengibre	अदरक
Nuez Moscada	जायफल
Pimienta	मरि्च
Regaliz	नद्यपान
Sabor	स्वाद
Sal	नमक
Vainilla	वनीला

Ética
आचार

Altruismo	परोपकारिता
Bondad	दयालुता
Compasión	दया
Cooperación	सहयोग
Dignidad	गौरव
Diplomático	राजनयकि
Filosofía	दर्शन
Honestidad	ईमानदारी
Humanidad	मानवता
Individualismo	व्यक्तिवाद
Integridad	अखंडता
Optimismo	आशावाद
Paciencia	धैर्य
Racionalidad	चेतना
Razonable	उचति
Realismo	यथार्थवाद
Respetuoso	वनिीत
Sabiduría	बुद्धि
Tolerancia	सहनशीलता
Valores	मान

Familia
परविार

Abuela	दादी
Abuelo	दादा
Antepasado	पूर्वज
Esposa	बीवी
Hermana	बहन
Hermano	भाई
Hija	बेटी
Infancia	बचपन
Madre	मां
Marido	पति
Materno	मातृ
Nieto	पोता
Niño	बच्चा
Niños	बच्चे
Padre	पिता
Primo	चचेरा भाई
Sobrina	भतीजी
Sobrino	भतीजा
Tía	चाची
Tío	चाचा

Filantropía
परोपकार

Caridad	दान
Comunidad	समुदाय
Contactos	संपर्क
Donar	दान करना
Finanzas	वित्ति
Fondos	धन
Generosidad	उदारता
Gente	लोग
Global	वैश्वकि
Grupos	समूह
Historia	इतहिास
Honestidad	ईमानदारी
Humanidad	मानवता
Juventud	युवा
Metas	लक्ष्य
Misión	मशिन
Niños	बच्चे
Programas	कार्यक्रमों
Público	सार्वजनकि

Física
भौतकि वज्ञिान

Aceleración	त्वरण
Átomo	परमाणु
Caos	अराजकता
Densidad	घनत्व
Electrón	इलेक्ट्रॉन
Fórmula	सूत्र
Frecuencia	आवृत्ति
Gas	गैस
Gravedad	गुरुत्वाकर्षण
Magnetismo	चुंबकत्व
Masa	मास
Mecánica	यांत्रकी
Molécula	अणु
Motor	इंजन
Nuclear	नाभकिीय
Partícula	कण
Químico	रासायनकि
Relatividad	सापेक्षता
Universal	सार्वभौमकि
Velocidad	वेग

Fruta
फ्रूट

Aguacate	एवोकाडो
Albaricoque	खुबानी
Baya	बेरी
Cereza	चेरी
Coco	नारयिल
Frambuesa	रसभरी
Guayaba	अमरूद
Kiwi	कीवी
Limón	नींबू
Mango	आम
Manzana	सेब
Melocotón	आड़ू
Melón	तरबूज
Naranja	नारंगी
Nectarina	शफ़तालू
Papaya	पपीता
Pera	नाशपाती
Piña	अनन्नास
Plátano	केला
Uva	अंगूर

Fuerza y Gravedad
बल और गुरुत्वाकर्षण

Centro	केंद्र
Descubrimiento	खोज
Dinámico	गतशिील
Distancia	दूरी
Eje	अक्ष
Expansión	वस्तिार
Física	भौतकि वज्ञिान
Fricción	घर्षण
Impacto	प्रभाव
Magnetismo	चुंबकत्व
Mecánica	यांत्रकी
Movimiento	गति
Órbita	कक्षा
Peso	वजन
Planetas	ग्रहों
Presión	दबाव
Propiedades	गुण
Tiempo	समय
Universal	सार्वभौमकि
Velocidad	गति

Geografía
भूगोल

Altitud	ऊंचाई
Atlas	एटलस
Ciudad	शहर
Continente	महाद्वीप
Ecuador	भूमध्य रेखा
Hemisferio	गोलार्ध
Isla	द्वीप
Latitud	अक्षांश
Longitud	देशान्तर
Mapa	नक्शा
Mar	समुद्र
Meridiano	मध्याह्न
Montaña	पहाड़
Mundo	दुनिया
Norte	उत्तर
Oeste	पश्चिमि
País	देश
Río	नदी
Sur	दक्षिणि
Territorio	क्षेत्र

Geología
भूविज्ञान

Ácido	एसडि
Calcio	कैल्शयिम
Capa	परत
Caverna	गुफा
Ciclos	चक्र
Continente	महाद्वीप
Coral	मूंगा
Cristales	क्रस्टिल
Cuarzo	क्वार्ट्ज
Erosión	कटाव
Estalactita	स्टैलेक्टटि
Fósil	जीवाश्म
Lava	लावा
Meseta	पठार
Minerales	खनजि
Piedra	पत्थर
Sal	नमक
Terremoto	भूकंप
Volcán	ज्वालामुखी
Zona	क्षेत्र

Geometría
ज्यामिति

Altura	ऊंचाई
Ángulo	कोण
Cálculo	गणना
Curva	वक्र
Diámetro	व्यास
Dimensión	आयाम
Ecuación	समीकरण
Horizontal	क्षैतजि
Lógica	तर्क
Masa	मास
Mediana	माध्य
Número	संख्या
Paralelo	समानांतर
Proporción	अनुपात
Segmento	खंड
Simetría	समरूपता
Superficie	सतह
Teoría	सद्धिांत
Triángulo	त्रकिोण
Vertical	खड़ा

Gobierno
सरकार

Ciudadanía	नागरकिता
Civil	सविलि
Constitución	संवधिान
Democracia	लोकतंत्र
Discurso	भाषण
Discusión	चर्चा
Distrito	जलि़ा
Estado	राज्य
Igualdad	समानता
Independencia	आजादी
Judicial	न्यायकि
Justicia	न्याय
Ley	कानून
Libertad	स्वतंत्रता
Líder	नेता
Monumento	स्मारक
Nacional	राष्ट्रीय
Nación	राष्ट्र
Política	राजनीति
Símbolo	प्रतीक

Granja #1
फार्म #1

Abeja	मधुमक्खी
Agricultura	कृषि
Agua	पानी
Arroz	चावल
Burro	गधा
Caballo	घोड़ा
Cabra	बकरी
Campo	खेत
Cuervo	कौआ
Fertilizante	उर्वरक
Gato	बल्लिी
Heno	घास
Miel	शहद
Perro	कुत्ता
Pollo	चकिन
Semillas	बीज
Ternero	बछड़ा
Tierra	भूमि
Vaca	गाय
Valla	बाड़

Granja #2
फार्म #2

Agricultor	कसिान
Animales	जानवरों
Cebada	जौ
Comida	भोजन
Cordero	मेमना
Fruta	फल
Granero	खलहिान
Huerto	फलोद्यान
Leche	दूध
Llama	लामा
Maduro	पका हुआ
Maíz	मकई
Oveja	भेड़
Pastor	चरवाहा
Pato	बतख
Prado	घास का मैदान
Riego	सचिाई
Tractor	ट्रैक्टर
Trigo	गेहूँ
Vegetal	सब्जी

Herboristería
हर्बलज़्मि

Ajo	लहसुन
Albahaca	तुलसी
Aromático	खुशबूदार
Azafrán	केसर
Calidad	गुणवत्ता
Culinario	पाक
Eneldo	दलि
Estragón	तारगोन
Flor	फूल
Hinojo	सौंफ
Ingrediente	घटक
Jardín	बगीचा
Lavanda	लैवेंडर
Mejorana	कुठरा
Menta	पुदीना
Perejil	अजमोद
Planta	पौधा
Romero	दौनी
Sabor	स्वाद
Verde	हरा

Ingeniería
अभयिांत्रकिी

Ángulo	कोण
Cálculo	गणना
Construcción	नर्मिाण
Diagrama	आरेख
Diámetro	व्यास
Diesel	डीजल
Distribución	वतिरण
Eje	अक्ष
Energía	ऊर्जा
Estabilidad	स्थरिता
Estructura	संरचना
Fricción	घर्षण
Fuerza	ताकत
Líquido	तरल
Máquina	मशीन
Medición	माप
Motor	मोटर
Palancas	लीवर
Profundidad	गहराई
Propulsión	प्रणोदन

Inmigración
आप्रवासन

Administración	प्रशासन
Adultos	वयस्कों
Aprobación	अनुमोदन
Ayuda	सहायता
Comunicación	संचार
Documentos	दस्तावेजों
Estrés	तनाव
Fecha Límite	समय सीमा
Fronteras	सीमाओं
Idioma	भाषा
Ley	कानून
Negociación	बातचीत
Niños	बच्चे
Oficial	अफ़सर
Proceso	प्रक्रयि
Protección	संरक्षण
Situación	स्थति
Solución	समाधान
Vivienda	आवास

Jardinería
बागवानी

Agua	पानी
Botánico	वानस्पतकि
Clima	जलवायु
Comestible	खाद्य
Compost	खाद
Contenedor	कंटेनर
Especie	प्रजातयिां
Estacional	मौसमी
Exótico	वदिशी
Flor	खलिना
Floral	पुष्प
Follaje	पत्ते
Hoja	पत्ता
Huerto	फलोद्यान
Humedad	नमी
Manguera	नली
Ramo	गुलदस्ता
Semillas	बीज
Suciedad	गंदगी

Jardín
बगीचा

Arbusto	बुश
Árbol	पेड़
Banco	बेंच
Césped	लॉन
Estanque	तालाब
Flor	फूल
Garaje	गैरेज
Hamaca	झूला
Hierba	घास
Huerto	फलोद्यान
Jardín	बगीचा
Malezas	मातम
Manguera	नली
Pala	फावड़ा
Porche	बरामदा
Rastrillo	रेक
Rocas	चट्टानों
Terraza	छत
Trampolín	ट्रेम्पोलनि
Valla	बाड़

Jazz
जैज़

Aplauso	वाहवाही
Artista	कलाकार
Álbum	एल्बम
Canción	गीत
Composición	रचना
Compositor	संगीतकार
Estilo	शैली
Énfasis	ज़ोर
Famoso	प्रसद्धि
Favoritos	पसंदीदा
Improvisación	कामचलाऊ
Música	संगीत
Músicos	संगीतकारों
Nuevo	नया
Orquesta	ऑर्केस्ट्रा
Ritmo	ताल
Talento	प्रतभि
Tambores	ड्रम
Técnica	तकनीक
Viejo	पुराना

La Empresa
द कम्पनी

Calidad	गुणवत्ता
Creativo	रचनात्मक
Decisión	निर्णय
Empleo	रोजगार
Global	वैश्विक
Industria	उद्योग
Ingresos	राजस्व
Innovador	अभिनव
Inversión	निवेश
Negocio	व्यापार
Posibilidad	संभावना
Presentación	प्रस्तुति
Producto	उत्पाद
Profesional	पेशेवर
Progreso	प्रगति
Recursos	संसाधन
Reputación	प्रतिष्ठा
Riesgos	जोखिम
Tendencias	रुझान
Unidades	इकाइयों

Libros
पुस्तकें

Autor	लेखक
Aventura	साहसिक
Colección	संग्रह
Contexto	संदर्भ
Dualidad	द्वंद्व
Escrito	लिखित
Historia	कहानी
Histórico	ऐतिहासिक
Humorístico	विनोदी
Inmersión	विसर्जन
Inventivo	आविष्कारशील
Lector	पाठक
Literario	साहित्यिक
Narrador	कथावाचक
Novela	उपन्यास
Página	पृष्ठ
Pertinente	प्रासंगिक
Poema	कविता
Serie	शृंखला
Trágico	दुखद

Literatura
साहित्य

Analogía	समानता
Análisis	विश्लेषण
Anécdota	किस्सा
Autor	लेखक
Biografía	जीवनी
Comparación	तुलना
Conclusión	निष्कर्ष
Descripción	विवरण
Diálogo	संवाद
Estilo	शैली
Ficción	कथा
Metáfora	रूपक
Narrador	कथावाचक
Novela	उपन्यास
Poema	कविता
Poético	काव्यात्मक
Rima	तुक
Ritmo	ताल
Tema	विषय
Tragedia	त्रासदी

Los Medios de Comunicación
द मीडिया

Actitudes	दृष्टिकोण
Comercial	वाणिज्यिक
Comunicación	संचार
Digital	डिजिटल
Edición	संस्करण
Educación	शिक्षा
En Línea	ऑनलाइन
Fotos	तस्वीरें
Hechos	तथ्य
Individual	व्यक्ति
Industria	उद्योग
Intelectual	बौद्धिक
Local	स्थानीय
Opinión	राय
Periódicos	समाचार पत्र
Público	सार्वजनिक
Radio	रेडियो
Red	नेटवर्क
Revistas	पत्रिकाओं
Televisión	टेलीविजन

Mamíferos
स्तनधारी

Ballena	व्हेल
Burro	गधा
Caballo	घोड़ा
Camello	ऊँट
Canguro	कंगारू
Cebra	ज़ेबरा
Conejo	खरगोश
Coyote	कोयोट
Delfín	डॉल्फिन
Elefante	हाथी
Gato	बिल्ली
Gorila	गोरिल्ला
Jirafa	जिराफ़
Lobo	भेड़िया
Mono	बंदर
Oso	भालू
Oveja	भेड़
Perro	कुत्ता
Toro	बुल
Zorro	लोमड़ी

Matemáticas
गणित

Aritmética	अंकगणित
Ángulos	कोण
Circunferencia	परिधि
Cuadrado	वर्ग
Decimal	दशमलव
Diámetro	व्यास
División	विभाजन
Ecuación	समीकरण
Exponente	प्रतिपादक
Fracción	अंश
Geometría	ज्यामिति
Números	संख्याएँ
Paralelo	समानांतर
Perpendicular	सीधा
Polígono	बहुभुज
Radio	त्रिज्या
Rectángulo	आयत
Simetría	समरूपता
Triángulo	त्रिकोण
Volumen	आयतन

Mediciones
मापन

Altura	ऊंचाई
Ancho	चौड़ाई
Byte	बाइट
Centímetro	सेंटीमीटर
Decimal	दशमलव
Grado	डग्रिी
Gramo	ग्राम
Kilogramo	कलिोग्राम
Kilómetro	कलिोमीटर
Litro	लीटर
Longitud	लंबाई
Masa	मास
Metro	मीटर
Minuto	मनिट
Onza	औंस
Peso	वजन
Profundidad	गहराई
Pulgada	इंच
Tonelada	टन
Volumen	आयतन

Meditación
ध्यान

Aceptación	स्वीकृत‌ि
Atención	ध्यान
Bondad	दयालुता
Calma	शांत
Claridad	स्पष्टता
Compasión	दया
Emociones	भावनाएँ
Gratitud	कृतज्ञता
Mental	मानसकि
Mente	मन
Movimiento	गत‌ि
Música	संगीत
Naturaleza	प्रकृत‌ि
Observación	अवलोकन
Paz	शांत‌ि
Pensamientos	वचिार
Perspectiva	परप्रि‌ेक्ष्य
Postura	आसन
Respiración	श्वास
Silencio	मौन

Mitología
पौराणकि कथाएं

Arquetipo	मूलरूप आदर्श
Celos	ईर्ष्या
Cielo	स्वर्ग
Comportamiento	व्यवहार
Creación	सृजन
Creencias	वशि्वासों
Criatura	जंतु
Cultura	संस्कृत‌ि
Desastre	आपदा
Fuerza	ताकत
Guerrero	योद्धा
Héroe	नायक
Inmortalidad	अमरता
Laberinto	भूलभुलैया
Leyenda	दंतकथा
Monstruo	राक्षस
Mortal	नश्वर
Rayo	बजिली
Trueno	गरज
Venganza	बदला

Moda
पहनावा

Asequible	सस्ती
Bordado	कढ़ाई
Botones	बटन
Boutique	बुटीक
Caro	महंगा
Elegante	सुरुचपूिर्ण
Encaje	फीता
Estilo	शैली
Mediciones	माप
Minimalista	न्यूनतम
Moderno	आधुनकि
Modesto	मामूली
Original	मूल
Patrón	पैटर्न
Práctico	व्यावहारकि
Ropa	कपड़े
Sencillo	सरल
Tendencia	ट्रेंड
Textura	बनावट

Música
संगीत

Armonía	सद्भाव
Armónico	सुसंगत
Álbum	एल्बम
Balada	गाथागीत
Cantante	गायक
Cantar	गाना
Clásico	शास्त्रीय
Coro	कोरस
Grabación	रकिॉर्डगि
Improvisar	सुधार
Instrumento	साधन
Melodía	राग
Micrófono	माइक्रोफोन
Musical	संगीत
Músico	संगीतकार
Ópera	ओपेरा
Poético	काव्यात्मक
Ritmo	ताल
Tempo	गत‌ि
Vocal	स्वर

Naturaleza
प्रकृत‌ि

Abejas	मधुमक्खयिों
Animales	जानवरों
Ártico	आर्कटकि
Belleza	सुंदरता
Bosque	वन
Desierto	रेगस्तिान
Dinámico	गतशिील
Erosión	कटाव
Follaje	पत्ते
Glaciar	ग्लेशयिर
Niebla	कोहरा
Nubes	बादल
Pacífico	शांतपूिर्ण
Refugio	आश्रय
Río	नदी
Salvaje	जंगली
Santuario	अभयारण्य
Sereno	नर्मिल
Tropical	उष्णकटबिंधीय
Vital	महत्वपूर्ण

Negocio
व्यापार

Carrera	कैरियर
Costo	लागत
Descuento	छूट
Dinero	पैसा
Economía	अर्थशास्त्र
Empleado	कर्मचारी
Empleador	नियोक्ता
Empresa	कंपनी
Fábrica	फैक्टरी
Finanzas	वित्ति
Impuestos	करों
Inversión	निवेश
Mercancía	माल
Moneda	मुद्रा
Oficina	कार्यालय
Presupuesto	बजट
Tienda	दुकान
Trabajo	काम
Transacción	लेन-देन
Venta	बिक्री

Nutrición
पोषाहार

Amargo	कड़वा
Apetito	भूख
Calidad	गुणवत्ता
Calorías	कैलोरी
Cereales	अनाज
Comestible	खाद्य
Dieta	आहार
Digestión	पाचन
Equilibrado	संतुलति
Fermentación	कण्विन
Hábitos	आदतें
Nutriente	पुष्टकिर
Peso	वजन
Proteínas	प्रोटीन
Sabor	स्वाद
Salsa	चटनी
Salud	स्वास्थ्य
Saludable	स्वस्थ
Toxina	वषि
Vitamina	वटिामनि

Números
संख्याएँ

Catorce	चौदह
Cero	शून्य
Cinco	पांच
Cuatro	चार
Decimal	दशमलव
Diecinueve	उन्नीस
Dieciocho	अठारह
Dieciséis	सोलह
Diecisiete	सत्रह
Diez	दस
Doce	बारह
Dos	दो
Nueve	नौ
Ocho	आठ
Quince	पंद्रह
Seis	छह
Siete	सात
Trece	तेरह
Tres	तीन
Veinte	बीस

Océano
सागर

Alga	शैवाल
Algas Marinas	समुद्री शैवाल
Arrecife	चट्टान
Atún	टूना
Ballena	व्हेल
Barco	नाव
Camarón	झींगा
Cangrejo	केकड़ा
Coral	मूंगा
Delfín	डॉल्फनि
Esponja	स्पंज
Mareas	ज्वार
Medusa	जेलफ़िशि
Ostra	सीप
Pescado	मछली
Pulpo	ऑक्टोपस
Sal	नमक
Tiburón	शार्क
Tormenta	आंधी
Tortuga	कछुआ

Paisajes
लैंडस्केप

Cascada	झरना
Cueva	गुफा
Desierto	रेगिस्तान
Estuario	मुहाना
Glaciar	ग्लेशियर
Golfo	खाड़ी
Iceberg	हमिखंड
Isla	द्वीप
Lago	झील
Laguna	लैगून
Mar	समुद्र
Montaña	पहाड़
Oasis	मरूद्यान
Pantano	दलदल
Península	प्रायद्वीप
Playa	समुद्र तट
Río	नदी
Tundra	टुंड्रा
Valle	घाटी
Volcán	ज्वालामुखी

Países #1
देशों #1

Alemania	जर्मनी
Argentina	अर्जेंटीना
Bélgica	बेल्जियम
Brasil	ब्राज़ील
Canadá	कनाडा
Ecuador	इक्वेडोर
Egipto	मिस्र
España	स्पेन
Filipinas	फलिपिींस
Honduras	होंडुरास
India	भारत
Italia	इटली
Libia	लीबयि
Malí	माली
Marruecos	मोरक्को
Nicaragua	निकारागुआ
Noruega	नॉर्वे
Panamá	पनामा
Polonia	पोलैंड
Venezuela	वेनेजुएला

Países #2
देशों #2

Albania	अल्बानयिा
Australia	ऑस्ट्रेलयिा
Austria	ऑस्ट्रयिा
Dinamarca	डेनमार्क
Etiopía	इथयिोपयिा
Francia	फ्रांस
Grecia	यूनान
Indonesia	इंडोनेशयिा
Irlanda	आयरलैंड
Jamaica	जमैका
Japón	जापान
Laos	लाओस
México	मेक्सकिो
Pakistán	पाकसि्तान
Portugal	पुर्तगाल
Rusia	रूस
Siria	सीरयिा
Sudán	सूडान
Ucrania	यूक्रेन
Uganda	युगांडा

Pájaros
पक्षयिों

Avestruz	शुतुरमुर्ग
Águila	ईगल
Cigüeña	सारस
Cisne	हंस
Cuco	कोयल
Cuervo	कौआ
Flamenco	राजहंस
Gallina	मुर्गी
Garza	बगुला
Gaviota	मूर्ख मनुष्य
Gorrión	गौरैया
Halcón	बाज़
Huevo	अंडा
Loro	तोता
Paloma	कबूतर
Pato	बतख
Pelícano	हवासील
Pingüino	पेंगुइन
Pollo	चकिन
Tucán	टूकेन

Pesca
फशिगि

Agua	पानी
Aletas	पंख
Barco	नाव
Branquias	गलि्स
Cable	तार
Cebo	चारा
Cesta	टोकरी
Cocinar	रसोइया
Equipo	उपकरण
Exageración	अतशियोक्त
Gancho	हुक
Lago	झील
Mandíbula	जबड़ा
Océano	सागर
Paciencia	धैर्य
Peso	वजन
Playa	समुद्र तट
Río	नदी
Temporada	ऋतु

Plantas
पौधे

Arbusto	बुश
Árbol	पेड़
Bambú	बांस
Baya	बेरी
Bosque	वन
Cactus	कैक्टस
Crecer	बढ़ना
Fertilizante	उर्वरक
Flor	फूल
Follaje	पत्ते
Frijol	सेम
Hiedra	आइवी
Hierba	घास
Hoja	पत्ता
Jardín	बगीचा
Musgo	काई
Pétalo	पत्ती
Raíz	जड़
Sol	सूर्य
Vegetación	वनस्पत

Profesiones #1
व्यवसाय #1

Abogado	वकील
Astrónomo	खगोल वज्ञिानी
Atleta	खलिाड़ी
Bailarín	नर्तकी
Banquero	बैंकर
Bombero	फायर फाइटर
Cartógrafo	मानचत्रिकार
Cazador	शकिारी
Doctor	चकित्सिक
Editor	संपादक
Embajador	राजदूत
Enfermera	नर्स
Entrenador	कोच
Fontanero	नलसाज़
Geólogo	भूवज्ञिानी
Joyero	जौहरी
Músico	संगीतकार
Pianista	पयिानोवादक
Psicólogo	मनोवैज्ञानकि
Veterinario	पशु चकित्सिक

Profesiones #2
व्यवसाय #2

Agricultor	कसिान
Bibliotecario	लाइब्रेरयिन
Biólogo	जीववज्ञिानी
Cirujano	सर्जन
Dentista	दंत चकित्सिक
Detective	जासूस
Filósofo	दार्शनकि
Fotógrafo	फोटोग्राफर
Ilustrador	इलस्ट्रेटर
Ingeniero	इंजीनयिर
Inventor	आवष्किारक
Investigador	शोधकर्ता
Jardinero	माली
Lingüista	बहुभाषी
Médico	चकित्सिक
Periodista	पत्रकार
Piloto	पायलट
Pintor	चत्रिकार
Profesor	शक्षिक
Zoólogo	जूलॉजस्टि

Psicología
मनोवज्ञिान

Cita	नयिुक्ता
Clínico	नैदानकि
Comportamiento	व्यवहार
Conflicto	संघर्ष
Ego	अहंकार
Emociones	भावनाएँ
Evaluación	मूल्यांकन
Experiencias	अनुभव
Ideas	वचिारों
Inconsciente	बेहोश
Infancia	बचपन
Influencias	प्रभाव
Pensamientos	वचिार
Percepción	अनुभूता
Personalidad	व्यक्तत्वि
Problema	संकट
Realidad	वास्तवकिता
Sensación	सनसनी
Sueños	सपने
Terapia	चकित्सिा

Química
रसायन वज्ञिान

Alcalino	क्षारीय
Ácido	एसडि
Calor	गर्मी
Carbono	कार्बन
Catalizador	उत्प्रेरक
Cloro	क्लोरीन
Electrón	इलेक्ट्रॉन
Enzima	एंजाइम
Gas	गैस
Hidrógeno	हाइड्रोजन
Ion	आयन
Líquido	तरल
Metales	धातुओं
Molécula	अणु
Nuclear	नाभकिीय
Oxígeno	ऑक्सीजन
Peso	वजन
Reacción	प्रतक्रियिा
Sal	नमक
Temperatura	तापमान

Restaurante #1
रेस्टोरेंट #1

Alergia	एलर्जी
Café	कॉफ़ी
Cajero	खजांची
Camarera	वेट्रेस
Carne	मांस
Cocina	रसोई
Comida	भोजन
Cuchillo	चाकू
Ingredientes	सामग्री
Menú	मेन्यू
Pan	रोटी
Picante	मसालेदार
Plato	प्लेट
Pollo	चकिन
Postre	मठिाई
Reserva	आरक्षण
Salsa	चटनी
Servilleta	नैपकनि
Tazón	कटोरा

Restaurante #2
रेस्टोरेंट #2

Agua	पानी
Almuerzo	दोपहर का भोजन
Aperitivo	क्षुधावर्धक
Bebida	पेय
Camarero	वेटर
Cena	रात का खाना
Cuchara	चम्मच
Delicioso	स्वादष्टि
Ensalada	सलाद
Especias	मसाले
Fruta	फल
Hielo	बर्फ
Huevos	अंडे
Pastel	केक
Pescado	मछली
Sal	नमक
Silla	कुर्सी
Sopa	सूप
Tenedor	कांटा
Verduras	सब्जयिां

Ropa
कपडे

Abrigo	कोट
Blusa	ब्लाउज
Bufanda	दुपट्टा
Camisa	कमीज
Chaqueta	जैकेट
Cinturón	बेल्ट
Collar	हार
Delantal	एप्रन
Falda	स्कर्ट
Guantes	दस्ताने
Joyas	आभूषण
Moda	फैशन
Pantalones	पैंट
Pijama	पाजामा
Pulsera	कंगन
Sandalias	सैंडल
Sombrero	टोपी
Suéter	स्वेटर
Vestido	पोशाक
Zapato	जूता

Salud y Bienestar #1
स्वास्थ्य और कल्याण #1

Activo	सक्रयि
Altura	ऊंचाई
Bacterias	बैक्टीरयिा
Clínica	क्लनिकि
Doctor	चकित्सिक
Farmacia	फार्मेसी
Fractura	भंग
Hambre	भूख
Hábito	आदत
Hormonas	हार्मोन
Huesos	हड्डयिों
Medicina	दवा
Músculos	मांसपेशयिों
Piel	त्वचा
Postura	आसन
Reflejo	पलटा
Relajación	वशि्राम
Terapia	चकित्सिा
Tratamiento	उपचार
Virus	वाइरस

Salud y Bienestar #2
स्वास्थ्य और कल्याण #2

Alergia	एलर्जी
Anatomía	शरीर रचना
Apetito	भूख
Caloría	कैलोरी
Dieta	आहार
Digestión	पाचन
Energía	ऊर्जा
Enfermedad	रोग
Estrés	तनाव
Genética	आनुवंशिकी
Higiene	स्वच्छता
Hospital	अस्पताल
Infección	संक्रमण
Masaje	मालिश
Nutrición	पोषण
Peso	वजन
Recuperación	वसूली
Saludable	स्वस्थ
Sangre	रक्त
Vitamina	विटामिन

Selva Tropical
वर्षावन

Anfibios	उभयचर
Botánico	वानस्पतिक
Clima	जलवायु
Comunidad	समुदाय
Diversidad	विविधिता
Especie	प्रजातियां
Indígena	स्वदेशी
Insectos	कीड़े
Mamíferos	स्तनधारी
Musgo	काई
Naturaleza	प्रकृति
Nubes	बादल
Pájaros	पक्षी
Preservación	संरक्षण
Refugio	शरण
Respeto	आदर
Restauración	बहाली
Selva	जंगल
Supervivencia	उत्तरजीविता
Valioso	मूल्यवान

Senderismo
लंबी पैदल यात्रा

Acantilado	चट्टान
Agua	पानी
Animales	जानवरों
Botas	जूते
Camping	डेरा डालना
Cansado	थक गया
Clima	जलवायु
Cumbre	शिखर सम्मेलन
Guías	गाइड
Mapa	नक्शा
Montaña	पहाड़
Mosquitos	मच्छरों
Naturaleza	प्रकृति
Orientación	अभिविन्यास
Parques	पार्क
Pesado	भारी
Piedras	पत्थर
Preparación	तैयारी
Salvaje	जंगली
Sol	सूर्य

Suministros de Arte
कला की आपूर्ति

Aceite	तेल
Acrílico	एक्रिलिक
Acuarelas	जल रंग
Agua	पानी
Arcilla	मिट्टी
Borrador	रबड़
Caballete	चित्रफलक
Cámara	कैमरा
Cepillos	ब्रश
Colores	रंग
Creatividad	रचनात्मकता
Ideas	विचारों
Lápices	पेंसिल
Mesa	टेबल
Papel	कागज
Pasteles	पेस्टल
Pegamento	गोंद
Pinturas	पेंट
Silla	कुर्सी
Tinta	स्याही

Tiempo
टाइम

Ahora	अब
Antes	इससे पहले
Anual	वार्षिक
Año	वर्ष
Ayer	कल
Calendario	कैलेंडर
Década	दशक
Día	दिन
Futuro	भविष्य
Hora	घंटा
Hoy	आज
Mañana	सुबह
Mediodía	दोपहर
Mes	महीना
Minuto	मिनट
Momento	पल
Noche	रात
Reloj	घड़ी
Semana	सप्ताह
Siglo	सदी

Tipos de Cabello
बालों के प्रकार

Blanco	सफेद
Brillante	चमकदार
Cabelludo	खोपड़ी
Calvo	गंजा
Corto	कम
Delgada	पतला
Gris	धूसर
Grueso	मोटा
Largo	लंबा
Marrón	भूरा
Negro	काला
Ondulado	लहराती
Plata	चाँदी
Rizado	घुंघराले
Rizos	कर्ल
Rubio	गोरा
Saludable	स्वस्थ
Seco	सूखा
Suave	नरम
Trenzado	लट

Universo
यूनविर्स

Asteroide	क्षुद्रग्रह
Astronomía	खगोल वज्ञिान
Astrónomo	खगोल वज्ञिानी
Atmósfera	वायुमंडल
Celestial	आकाशीय
Cielo	आकाश
Cósmico	लौककि
Ecuador	भूमध्य रेखा
Galaxia	आकाशगंगा
Hemisferio	गोलार्ध
Horizonte	क्षतिजि
Latitud	अक्षांश
Longitud	देशान्तर
Luna	चाँद
Oscuridad	अंधेरा
Órbita	कक्षा
Solar	सौर
Solsticio	संक्रांति
Telescopio	दूरबीन
Visible	दृश्यमान

Vacaciones #2
अवकाश #2

Aeropuerto	हवाई अड्डा
Carpa	तंबू
Destino	गंतव्य
Extranjero	वदिशी
Fotos	तस्वीरें
Hotel	होटल
Isla	द्वीप
Mapa	नक्शा
Mar	समुद्र
Ocio	अवकाश
Pasaporte	पासपोर्ट
Playa	समुद्र तट
Reservas	आरक्षण
Restaurante	भोजनालय
Taxi	टैक्सी
Transporte	परविहन
Tren	ट्रेन
Vacaciones	छुट्टी
Viaje	यात्रा
Visa	वीजा

Vehículos
वाहन

Ambulancia	रोगी वाहन
Autobús	बस
Avión	वमिान
Balsa	बेड़ा
Barco	नाव
Bicicleta	साइकलि
Camión	ट्रक
Caravana	कारवां
Coche	कार
Cohete	रॉकेट
Ferry	नौका
Helicóptero	हेलीकॉप्टर
Lanzadera	शटल
Metro	भूमगित मार्ग
Motor	मोटर
Neumáticos	टायर
Submarino	पनडुब्बी
Taxi	टैक्सी
Tractor	ट्रैक्टर
Tren	ट्रेन

Verduras
सब्जियां

Ajo	लहसुन
Alcachofa	हाथी चक
Apio	अजवाइन
Berenjena	बैंगन
Brócoli	ब्रोकोली
Calabaza	कद्दू
Cebolla	प्याज
Ensalada	सलाद
Espinacas	पालक
Guisante	मटर
Jengibre	अदरक
Nabo	शलजम
Oliva	जैतून
Patata	आलू
Pepino	खीरा
Perejil	अजमोद
Rábano	मूली
Seta	मशरूम
Tomate	टमाटर
Zanahoria	गाजर

Enhorabuena

Lo has conseguido!

Esperamos que hayas disfrutado de este libro tanto como nosotros al diseñarlo. Nos esforzamos por crear libros de la máxima calidad posible.
Esta edición está diseñada para proporcionar un aprendizaje inteligente, de calidad y divertido!

¿Te ha gustado este libro?

Una Petición Sencilla

Estos libros existen gracias a las reseñas que se publican.
¿Podrías ayudarnos dejando una reseña ahora?
Aquí tienes un breve enlace a la página de reseñas

BestBooksActivity.com/Opiniones50

¡DESAFÍO FINAL!

Reto n°1

¿Estás listo para tu juego gratis? Los utilizamos siempre, pero no son tan fáciles de encontrar. ¡Aquí están los **Sinónimos**!
Escribe 5 palabras que hayas encontrado en los rompecabezas (#21, #36, #76) y trata de encontrar 2 sinónimos para cada palabra.

*Escriba 5 palabras del **Puzzle 21***

Palabras	Sinónimo 1	Sinónimo 2

*Escriba 5 palabras del **Puzzle 36***

Palabras	Sinónimo 1	Sinónimo 2

*Escriba 5 palabras del **Puzzle 76***

Palabras	Sinónimo 1	Sinónimo 2

Reto n°2

Ahora que te has calentado, escribe 5 palabras que hayas encontrado en los Puzzles 9, 17 y 25 e intenta encontrar 2 antónimos para cada palabra. ¿Cuántos puedes encontrar en 20 minutos?

*Escriba 5 palabras del **Puzzle 9***

Palabras	Antónimo 1	Antónimo 2

*Escriba 5 palabras del **Puzzle 17***

Palabras	Antónimo 1	Antónimo 2

*Escriba 5 palabras del **Puzzle 25***

Palabras	Antónimo 1	Antónimo 2

Reto n°3

¡Genial! Este desafío final  no es nada para ti.

¿Preparado para el reto final? Elige 10 palabras que hayas descubierto en los diferentes rompecabezas y escríbelas a continuación.

1.	6.
2.	7.
3.	8.
4.	9.
5.	10.

Ahora escribe un texto pensando en una persona, un animal o un lugar que te guste.

Puedes usar la última página de este libro como borrador.

Tu Composición:

CUADERNO DE NOTAS :

HASTA PRONTO !

Todo el Equipo

www.ingramcontent.com/pod-product-compliance
Lightning Source LLC
Chambersburg PA
CBHW082214120626
46553CB00010B/3138

* 9 7 9 8 8 9 6 7 0 1 9 3 4 *